AVENARIUS / JEAND'HEUR

Elternwille und staatliches Bestimmungsrecht bei der Wahl der Schullaufbahn

Schriften zum Öffentlichen Recht

Band 616

Elternwille und staatliches Bestimmungsrecht bei der Wahl der Schullaufbahn

Die gesetzlichen Grundlagen und Grenzen der
Ausgestaltung von Aufnahme- bzw. Übergangsverfahren
für den Besuch weiterführender Schulen

Von

Hermann Avenarius und Bernd Jeand'Heur

Duncker & Humblot · Berlin

Die Deutsche Bibliothek – CIP-Einheitsaufnahme

Avenarius, Hermann:
Elternwille und staatliches Bestimmungsrecht bei der Wahl der Schullaufbahn : die gesetzlichen Grundlagen und Grenzen der Ausgestaltung von Aufnahme- bzw. Übergangsverfahren für den Besuch weiterführender Schulen / von Hermann Avenarius und Bernd Jeand'Heur. – Berlin : Duncker und Humblot, 1992
  (Schriften zum öffentlichen Recht ; Bd. 616)
  ISBN 3-428-07464-5
NE: GT

Alle Rechte vorbehalten
© 1992 Duncker & Humblot GmbH, Berlin 41
Fremddatenübernahme und Druck:
Berliner Buchdruckerei Union GmbH, Berlin 61
Printed in Germany
ISSN 0582-0200
ISBN 3-428-07464-5

Vorwort

Auf dem Hintergrund der insbesondere durch den Beitritt der neuen Länder zur Bundesrepublik Deutschland entfachten bildungspolitischen Debatten über den Aufbau und die Effizienz des Schulwesens zeichnet sich seit geraumer Zeit ein deutlicher Trend zu höherer Bildung ab. Immer mehr Eltern streben für ihre Kinder einen Gymnasialschulabschluß an. Das Recht der Erziehungsberechtigten auf freie Wahl der Schullaufbahn gerät dabei nicht selten in Konflikt mit der im Einzelfall negativen Empfehlung der über die Befähigung des Schülers zum Besuch der gewünschten Schulart befindenden Grundschule. Die bislang angewandten Verfahren zur Erbringung von Eignungsnachweisen, so vor allem der Probeunterricht oder Schulaufnahmeprüfungen, sehen sich einer zunehmenden Kritik ausgesetzt, ihr Aussagewert wird angezweifelt. Einige Länder verzichten deshalb mittlerweile auf die Durchführung von Eignungstests und stellen die Wahl des Bildungsweges selbst bei abweichendem Grundschulvotum der alleinigen Entscheidung der Eltern anheim. Die hiergegen geäußerten Bedenken machen geltend, der Staat dürfe sich nicht aus einem Teilbereich seiner schulaufsichtlichen Aufgaben zurückziehen, der Konflikt zwischen Elternwille und staatlichem Bestimmungsrecht bei der Wahl der Schullaufbahn sei nicht einseitig zugunsten der Erziehungsberechtigten zu lösen. Überlagert werden solche Hinweise von Befürchtungen, die Außerkraftsetzung von Eignungskriterien führe zu einem weiteren Abbau der Hauptschulen sowie insgesamt zu einer Nivellierung der Schullandschaft, weshalb eine Verschärfung der Zugangsvoraussetzungen wünschenswert sei.

Die vorliegende Studie setzt sich mit den jeweiligen Standpunkten auseinander, richtet einen vergleichenden Blick auf die länderspezifischen Regelungen des Übertrittverfahrens, überprüft diese an den verfassungsrechtlichen Vorgaben des Grundgesetzes bzw. der Länderverfassungen und versucht, für einige in der Alltagspraxis am häufigsten auftretenden Probleme des Zugangs zu weiterführenden Schulen Lösungsmöglichkeiten anzubieten. Die Untersuchung basiert auf einem Rechtsgutachten, welches die Verfasser im Auftrag des Bayerischen Lehrer- und Lehrerinnenverbandes zu diesem Fragenkomplex erstellt haben. In der Absicht, die juristische Diskussion anzureichern, legt die Arbeit gleichwohl Wert auf ihre Lesbarkeit auch für Nichtjuristen. Aus diesem Grund war eine Konzentration der Argumente geboten, wogegen eine erschöpfende Aufzählung der Fachliteratur entfallen mußte. Die Studie wurde im Oktober 1991 abgeschlossen, spätere eventuelle Gesetzesänderungen sowie Veröffentlichungen konnten nur vereinzelt berücksichtigt werden.

Frankfurt am Main, Oktober 1991

Hermann Avenarius
Bernd Jeand'Heur

Inhaltsverzeichnis

I. Einleitung 9

II. Wer darf wie und in welchem Umfang über die Wahl der Schullaufbahn entscheiden? — Die verfassungsrechtlichen Vorgaben des Grundgesetzes 15

III. Die Regelung des Übertrittverfahrens nach den jeweiligen landesrechtlichen Bestimmungen 24

    1. In den alten Ländern 24

    2. In den neuen Ländern 30

IV. Überprüfung einzelner auf Landesrecht beruhender Durchführungsmodalitäten des Übergangsverfahrens anhand der verfassungsrechtlichen Vorgaben 33

    1. Elternrecht — staatliche Schulhoheit: Darf der Staat die Wahl des Bildungsganges der alleinigen Entscheidung der Erziehungsberechtigten überlassen? 34

    2. Elternrecht — staatliche Schulhoheit: Darf der Staat bei der Durchführung des Übergangsverfahrens Kapazitätsgesichtspunkte berücksichtigen? 53

    3. Weitere Einzelfragen der Ausgestaltung des Übertrittverfahrens   57

        a) Zur Reihenfolge von elterlichem Wahlrecht und schulischer Eignungsbeurteilung 57

        b) Verbindliche Eignungsempfehlungen auch für Schulen, für deren Besuch eine bestimmte Eignung nicht vorausgesetzt wird? 61

        c) Zum Anspruch der Eltern auf Erteilung einer vom Schulleiter zugesagten positiven Grundschulempfehlung 63

V. Rechtsschutzfragen des Übertrittverfahrens 65

    1. Vorbemerkung zum Kreis der Klagebefugten 65

    2. Inwieweit können gegen Eignungsverfahren Rechtsbehelfe eingelegt werden? 67

    3. Wieweit darf die Widerspruchsbehörde, kann das Gericht Eignungsnachweise überprüfen? 71

VI. Zusammenfassung 79

I. Einleitung

Seit einigen Jahren ist eine Verlagerung der Schülerzahlen zwischen den verschiedenen Schulzweigen zu beobachten. Nach einer Dokumentation der Kultusministerkonferenz, die einen jüngeren Zeitraum bis einschließlich 1988 umfaßt, befanden sich in der Bundesrepublik im 8. Schuljahr lediglich 35,9 Prozent der Schüler in den Hauptschulen; 1986 waren es noch 38,0 Prozent gewesen. Der Hauptschüleranteil schwankte hierbei im Vergleich der einzelnen Bundesländer erheblich. Die höchsten, tendenziell gleichwohl sinkenden Quoten wiesen Rheinland-Pfalz (45,3 Prozent), das Saarland (41,3 Prozent), Bayern (40,7 Prozent) und Baden-Württemberg (38,5 Prozent) auf. Dagegen besuchten in Berlin und Hamburg weniger als 20 Prozent der Kinder und Jugendlichen die Hauptschule. Der Anteil der Realschüler der 8. Klassenstufe betrug 1988 in der Bundesrepublik 29,1 Prozent (1986: 29,2 Prozent), der Anteil der Gymnasiasten 29,3 Prozent (1986: 27,6 Prozent)[1].

In den seit Ablauf des Untersuchungszeitraums vergangenen knapp drei Jahren hat sich diese Entwicklung beschleunigt. Ergebnisse einer Repräsentativ-Umfrage, die das Dortmunder Institut für Schulentwicklungsforschung im Auftrag der Gewerkschaft Erziehung und Wissenschaft erstellt hat, zeigen, daß nunmehr nur noch 10 Prozent der Eltern mit einem Hauptschulabschluß für ihre Kinder zufrieden sind; 56 Prozent streben jetzt das Abitur an[2]. Daß das Gymnasium auf dem Weg ist, zur heimlichen Hauptschule zu avancieren, verdeutlichen länderinterne Vergleichszahlen. In Bayern etwa — wie gesehen ein Land mit überdurchschnittlich hohem Hauptschulanteil an der Schülerpopulation — haben sich die Übertrittsquoten von der Grund- bzw. Hauptschule in die Gymnasien innerhalb der Jahre 1960 bis 1986 mehr als verdoppelt[3]. Die Übertrittsquote betrug jeweils im

---

[1] Zitiert nach Frankfurter Allgemeine Zeitung v. 17.2.1990, S. 4.
[2] Vgl. dpa-Dienst für Kulturpolitik v. 7.5.1991, S. 2.

Schuljahr 1956/57 rund 14 Prozent
1963/64 rund 15 Prozent
1970/71 rund 23,4 Prozent
1980/81 rund 29,8 Prozent
1988/89 rund 34,0 Prozent[4].

Die Ursachen für diese „dramatischen Verschiebungen"[5] im Anteil der verschiedenen Schularten an der Schülerpopulation dürften zum einen im veränderten Bildungsverhalten der Eltern und Jugendlichen selbst liegen[6], zum anderen mögen sie in dem (dadurch wiederum bedingten) geringen Prestige, das die Hauptschule heutzutage bei vielen Eltern genießt[7], zu suchen sein. Hinzu kommt das vielfach beklagte Manko der beschränkten Verleihungskompetenz der Hauptschule in bezug auf Leistungsnachweise und Berechtigungen — ein Defizit, das schwer wiegt in einer Gesellschaft, in welcher die Wahl der Schullaufbahn nicht länger die Folge *von,* sondern mehr und mehr Voraussetzung *für* Statuszugehörigkeit ist[8]. Trotz mancher Versuche,

---

[3] Siehe Knauss, Die Schulentwicklung in Bayern seit 1960, in: Schulverwaltung 1988, 183 ff., 185.

[4] Noichl, Der Weg des bayerischen Gymnasiums am Ausgang des 20. Jahrhunderts, in: Schulverwaltung 1989, 111 ff., 113. Zu berücksichtigen sind natürlich die teils erheblichen regionalen bzw. sozialen Ungleichzeitigkeiten. In einigen ländlichen Gebieten Bayerns besuchen etwa noch über 50 Prozent der Schüler die Hauptschule, wogegen es in Erlangen gerade mal 10 Prozent sind (so: SPD-Hearing: Die Hauptschule — ein auslaufendes Modell?, in: Schulverwaltung 1989, 30). In Frankfurt am Main geht man — um ein weiteres Beispiel zu nennen — im Entwurf für den Schulentwicklungsplan bis zum Jahre 2000 davon aus, daß der Anteil der Gymnasiasten unter den Schülern der Klassen 5 bis 10 von heute 45 Prozent auf 50 Prozent steigen wird.

[5] Knauss (Anm. 3), S. 187.

[6] So Knauss (Anm. 3), S. 183.

[7] Dazu Ipfling, Hat die Hauptschule eine Zukunft?, in: Bayerische Schule, 1990, Heft 17, S. 6.

[8] So Ipfling (Anm. 7), S. 6; dort auch Ausführungen zur Geschichte des dreigliedrigen Schulsystems aus schichtspezifischer Sicht. Obgleich die Bundesregierung in ihrer Stellungnahme zum „Berufsbildungsbericht 1990" befürchtet, auf Dauer könne der Trend zu Abitur und Studium „erhebliche Probleme bei der Deckung des Facharbeiterbedarfs" bewirken, wird zugestanden, dies sei „im wesentlichen ein Ergebnis durchaus rationaler Reaktionen auf Signale des Beschäftigungssystems" (vgl. dpa-Dienst für Kulturpolitik v.

die Hauptschule wieder attraktiver zu gestalten[9], ist gegenwärtig eine Trendwende nicht vorstellbar. Ganz im Gegenteil scheint die Hauptschule künftig nur noch als „Restschule" denkbar, die zugunsten weiterführender Schulen, insbesondere des Gymnasiums, immer mehr an Boden verliert[10]. Man mag über die Eintrittswahrscheinlichkeit solcher Prophezeiungen streiten[11]; Tatsache ist jedenfalls, daß die genannte strukturelle Wanderungsbewegung in den gymnasialen Bereich ernst zu nehmende Folgeerscheinungen nicht nur für den Bestand der Hauptschule, sondern gleichfalls für das Erscheinungsbild und die Aufgabenwahrnehmung des Gymnasiums mit sich bringt. Sorgen bereitet die durch wachsende Schülerzahlen[12] abzusehende Anhebung der dortigen Klassenfrequenzen bei zunehmendem Lehrerbedarf sowie vor allem der befürchtete Niveauverlust, der sich durch die Aufnahme nicht hinreichend geeigneter Schüler in das Gymnasium einstellen

---

23.4.1990, S. 1 f.). Daß diese Entwicklung langfristig auch Auswirkungen auf die Qualifikationsanforderungen im gesamten Berufsleben zeitigen kann, zeigt ein Blick nach Frankreich, wo nach dem erklärten Ziel der französischen Regierung im Jahr 2000 80 Prozent der Angehörigen eines Altersjahrganges das Baccalauréat erwerben sollen; bleibt die Frage, was dann das Abitur noch „wert" ist, m. a. W., ob die „Inflation" der Hochschulreife nicht gleichsam die Zugangsanforderungen für auch nicht-akademische Berufe in die Höhe „schraubt".

[9] Siehe etwa die bildungspolitischen Denkmodelle bei Ipfling (Anm. 7), S. 8 ff.

[10] Die Schulgesetzgebung in den neuen Bundesländern spiegelt diese Entwicklung wider. Lediglich in Mecklenburg-Vorpommern wurde das herkömmliche dreigliedrige Schulsystem eingeführt. In Brandenburg schließt sich an die Grundschule die Gesamtschule oder das Gymnasium sowie die Realschule an. Die übrigen Länder gliedern die Sekundarstufe I nur noch in zwei Schulformen: das Gymnasium und eine andere Schule, die in Sachsen Mittelschule, in Sachsen-Anhalt Sekundarschule und in Thüringen Regelschule heißt. Der nichtgymnasiale Schultyp vermittelt den Hauptschul- oder den Realschulabschluß. Zu den Einzelheiten: Avenarius, Die Schulgesetzgebung in den neuen Bundesländern, in: Deutsche Lehrerzeitung 1991, Nr. 24, S. 6.

[11] Dagegen z. B. Noichl (Anm. 4), S. 114, zumindest in bezug auf die bayerische Hauptschule.

[12] Vgl. z. B. zur Vorausberechnung: KMK-Dok. 24/90, S. 730. Nach Ende des „Pillenknickes" und wegen des Zuzugs von Aus- bzw. Übersiedlern rechnet man bis in das Jahr 2004 mit einem Höchststand der Schüler. Danach sollen die Zahlen wieder leicht sinken, jedoch immer noch um 5,3% über dem Wert des Jahres 1989 liegen.

könnte[13]. Ungeachtet dessen sind die meisten Länder seit langem dazu übergegangen, das Zugangsverfahren an weiterführende Ausbildungsstätten zu lockern. Jüngstes Beispiel ist Hessen, wo selbst bei einem negativen Grundschulgutachten neuerdings allein die Entscheidung der Eltern für die weitere Schullaufbahn ausschlaggebend ist; die Schule muß sich ihr beugen, ohne daß sie die Befähigung / Eignung des Schülers im Rahmen eines Probeunterrichts — der abgeschafft wurde — überprüfen kann. Begründet wurde der Verzicht auf den Probeunterricht mit einem zu geringen Nutzeffekt von Eignungsverfahren, da erwiesen sei, daß die künftige Entwicklung von Schülern oftmals nicht den Ergebnissen des Probeunterrichts entspreche und prinzipiell schwer vorhersehbar sei.

Aber auch soweit man grundsätzlich an der Erbringung von Befähigungsnachweisen festhalten will, ist die Durchführung des Probeunterrichts nicht unumstritten. Häufig wird bemängelt, dieser nur einige Tage dauernde Eignungstest konterkariere das auf sorgfältigerer Basis angelegte Grundschulgutachten und eröffne dem Schüler einen zu leichten Zugang auf die weiterführende Schule[14]. Die Kritik am Probeunterricht kulminiert schließlich in dem Vorwurf, mit ihm sei eine konjunkturabhängige Schulpolitik zumindest unterschwellig steuerbar: die Hürde Probeunterricht könne nämlich nach Kapazitätserwägungen (Schülermangel / Schülerüberzahl am Gymnasium) unterschiedlich hoch angesetzt werden[15]. Die Frage, ob solche auf den

---

[13] Ipfling (Anm. 7), S. 6; Noichl (Anm. 4), S. 114.

[14] Abgesehen davon, daß viele Schüler, welche die Hürde des Probeunterrichts überwanden, letztlich dann doch scheiterten, führte die bisherige lasche Handhabung zu einiger Verstimmung innerhalb der Lehrerschaft, aber auch zwischen Lehrern und Eltern. Siehe etwa Wittmann / Hahn, Zur Weiterentwicklung des Übertrittverfahrens, in: Schulverwaltung 1989, 39 ff., 42: „Für den Volksschullehrer lag die Problematik darin, daß sein oft über eineinhalb Schuljahre gewonnenes Bild über die Leistung des Schülers durch einen kurzzeitigen Probeunterricht relativiert wurde. Damit wurde er nicht nur in seinem Sachverständnis berührt; auch seine Fachkompetenz und seine Lauterkeit wurden von manchen Eltern infrage gestellt". Provokativ Wenzel, Übertretungen beim Übertritt, in: Bayerische Schule 1989, Heft 11, S. 2: „Die Lehrerin an der Grundschule hat nach zwei Jahren nicht erkannt, wie fähig der hoffnungsvolle Sproß ist, der Herr Studienrat sieht's auf Anhieb!".

[15] In diese Richtung Wenzel (Anm. 14), S. 2: „Die Augen des Prüfers huschen (...) über die Spalten der Statistik zur Klassen- und Gruppenbildung,

ersten Blick sachfremden, weil weniger auf die individuelle Eignung und Begabung des Schülers abhebenden Kriterien Eingang in das Übertrittverfahren finden dürfen, stellt sich um so drängender, als — abweichend zu oben beschriebener Tendenz — insbesondere im süddeutschen Raum nach Möglichkeiten gesucht wird, dem Ansturm auf das Gymnasium Einhalt zu gebieten und zu diesem Zweck die Bewertungsmaßstäbe bei der Durchführung des Übertrittverfahrens zu vereinheitlichen sowie allgemein anzuheben. Künftig soll „nicht nur reproduktives Wissen" abgefragt, sondern „problemlösendes Denken" auf einem „höheren Abstraktionsniveau" bereits im Grundschulunterricht verausgesetzt werden, denn „kindgemäße Anforderungen (seien nicht; d. V.) gleichzusetzen mit geringen Anforderungen"[16]. Im Gespräch ist ferner, die Zulassung zum Gymnasium von den Noten „sehr gut" bzw. „gut" in den Fächern Deutsch und Mathematik im Abgangszeugnis der Grundschule abhängig zu machen. Andererseits haben Baden-Württemberg und Bayern die landesweiten Orientierungsarbeiten (das sog. Grundschulabitur) wieder abgeschafft.

Bildungspolitik, und an hervorgehobener Stelle die Ausgestaltung des Übertrittverfahrens an weiterführende Schulen, war noch in den seltensten Fällen ein Forum für leise Töne, in welchem nüchternen Argumenten der Vorzug eingeräumt wird. Das zeigte zuletzt wieder die Auseinandersetzung um die hessische Neuregelung dieses Fragenkreises im Schulverwaltungsgesetz. Im Gesetzgebungsverfahren beriefen sich Gegner wie Befürworter der Novelle auf das Grundgesetz und bezichtigten den jeweils anderen des Verfassungsbruchs.

Die vorliegende Studie sieht ihre Aufgabe in der rechtlichen Überprüfung der verfolgten Strategien der Aufhebung, Milderung oder Verschärfung von Eignungsvoraussetzungen. Es geht ihr im wesentlichen um die Kenntlichmachung der vom Verfassungsrecht skizzierten Spielräume und Grenzen, die der Gesetzgeber ausnutzen kann beziehungsweise beachten muß. Sinnvoll ist es daher, zunächst die verfassungsrechtlichen Rahmenbedingungen vorzustellen, die das Grundgesetz zur Regelung des Verhältnisses von Elternrecht und staatlicher Bestimmungsbefugnis hinsichtlich des Bildungsweges enthält (Teil

---

und je nach Schülerbedarf wird das Begabungs-Budget des Antragstellers gewichtet und gewertet".
[16] Wittmann / Hahn (Anm. 14, S. 41.

II.). Sodann ist nach den jeweiligen länderspezifischen Rechtsgrundlagen von Eignungsentscheidungen zu fragen (Teil III.). Schließlich nimmt die Studie zu einigen aktuellen Problemen der Durchführung des Übertrittverfahrens Stellung (Teil IV.). Neben der bereits genannten, die Ausgangslage der Arbeit bildenden Thematik, sollen dort ferner einige normative Anforderungen an den (formalen) Ablauf und die inhaltliche Ausgestaltung des Übertrittverfahrens erörtert werden. Anmerkungen zum Rechtsschutz gegen Entscheidungen im Zugangsverfahren (Teil V.) runden die Ausführungen zu den behandelten Problembereichen ab.

II. Wer darf wie und in welchem Umfang über die Wahl der Schullaufbahn entscheiden? — Die verfassungsrechtlichen Vorgaben des Grundgesetzes

Fragen der Wahl des Bildungsweges berühren mehrere Interessengruppen; betroffen sind Schüler, Eltern und Lehrer sowie der Staat in seinen Befugnissen zur inhaltlichen wie organisatorischen Ausgestaltung des Schulwesens. Läßt man die Rechte und Pflichten des Lehrers im Rahmen des Übertrittverfahrens zunächst außer Betracht, so finden die einzelnen interessenbezogenen Positionen auf der Ebene des Verfassungsrechts ihre positivrechtliche Verankerung in spezifischen, den jeweiligen Rechtskreis umschreibenden Normen, deren Verhältnis und systematische Zuordnung zu untersuchen ist.

Auf seiten des Schülers ist problematisch, ob er einen Rechtsanspruch auf den von ihm (bzw. seinen Eltern) angestrebten Schulabschluß / Bildungsgang geltend machen kann. Zwar ist seit langem anerkannt, daß Kindern Grundrechtsfähigkeit zukommt[17] und die Grundrechte auch im Schulverhältnis, das eben kein besonderes — gleichsam grundrechtsfreies — Gewaltverhältnis darstellt, voll zur Anwendung gelangen[18], jedoch kennt das Grundgesetz kein allgemeines Grundrecht auf Bildung[19], aus dem etwa ein voraussetzungsloser Anspruch auf Besuch der je gewünschten Schulart ableitbar wäre. Vielmehr kann sich der Schüler diesbezüglich „lediglich" auf die

---

[17] Dazu Fehnemann, Die Innehabung und Wahrnehmung von Grundrechten im Kindesalter, 1983; Kuhn, Grundrechte und Minderjährigkeit, 1965, oder Roell, Die Geltung der Grundrechte für Minderjährige, 1984.

[18] Zur Theorie des besonderen Gewaltverhältnisses, zu deren Überwindung sowie zum Verständnis des Schulverhältnisses als Rechstverhältnis siehe die Darstellung bei Heckel / Avenarius, Schulrechtskunde, 6. Aufl. 1986, S. 295 ff. m. w. N. aus Rechtsprechung und Literatur.

[19] Dazu Richter, in: Alternativkommentar zum Grundgesetz, Art. 7 Rz. 38.

II. Entscheidung über die Wahl der Schullaufbahn

Einzelgrundrechte des Art. 2 Abs. 1 (Entfaltung seiner Anlagen und Fähigkeiten)[20] und auf Art. 12 Abs. 1 (freie Wahl der Ausbildungsstätte)[21] berufen. Trotz mannigfacher Versuche, die genannten Freiheitsgarantien zu einem Grundrecht auf Bildung zusammenzufassen[22], konnte sich diese Auffassung nicht durchsetzen. Die jeweiligen landesverfassungsrechtlichen Regelungen des Art. 11 Abs. 1 Landesverfassung Baden-Württemberg, Art. 128 Abs. 1 Bayerische Landesverfassung, Art. 27 Landesverfassung Bremen, Art. 59 Abs. 2 Landesverfassung Hessen, Art. 8 Abs. 1 S. 1 Landesverfassung Nordrhein-Westfalen, Art. 32 Landesverfassung Rheinland-Pfalz oder Art. 27 Abs. 6 Landesverfassung Saarland garantieren zwar einen freien, mithin von sozialen und ökonomischen Faktoren unabhängigen Zugang zu allen Bildungsstätten, der sich allein nach Begabung und Leistung richten soll, jedoch läßt sich auch aus ihnen kein *umfassendes* Bildungsgrundrecht, das zudem einklagbar wäre, ableiten[23]. Der Zugang zu den vorhandenen Schularten ist demnach zwar prinzipiell frei und insoweit grundrechtlich — sei es gemäß Art. 2 Abs. 1, sei es im Sinne von Art. 12 Abs. 1 GG — geschützt, gleichwohl kann dieses Zugangsrecht unter Zugrundelegung bestimmter Eignungs- oder Begabungsvoraussetzungen eingeschränkt werden[24].

---

20 Vgl. z. B. nur BVerfGE 45, 400, 417

21 BVerfGE 41, 251, 260. Gelegentlich ist strittig, ob weiterführende Schulen Ausbildungsstätten im Sinne von Art. 12 Abs. 1 S. 1 GG sind und damit diese Vorschrift überhaupt Anwendung finden kann. BVerfGE 34, 165, 195, hat das noch offengelassen, während die spätere Rechtsprechung dies weitgehend bejaht; siehe nur VGH Mannheim, NVwZ-RR 1990, S. 246 ff., 246. Darauf bzw. auf das Vorrangverhältnis von Art. 12 Abs. 1 zu Art. 2 Abs. 1 GG, wonach erstere Bestimmung als lex specialis hinsichtlich der Schulartwahl dem allgemeinen Entfaltungsrecht vorzuziehen ist, muß hier nicht näher eingegangen werden; dazu beispielsweise Richter (Anm. 19), Rz. 38.

22 Hierzu die Darstellungen bei E. Stein, Das Recht des Kindes auf Selbstentfaltung in der Schule, 1967, S. 37 ff; Clevinghaus, Recht auf Bildung, 1973, S. 65 ff., oder Richter / Schlink, Grundrecht auf Bildung — Grundrecht auf Ausbildung, in: RdJB 1980, 202 ff. jeweils m. w. N.

23 Richter (Anm. 19), Rz. 34 mit Verweis auf die Kommentarliteratur zu den Landesverfassungen.

24 Ganz h. M.; siehe nur BVerfGE 34, 165, 184 f., oder VGH Mannheim NVwZ 1990, 246 ff., 246; zu den Einzelheiten sogleich.

II. Entscheidung über die Wahl der Schullaufbahn

Aus Sicht der Erziehungsberechtigten stellt sich die Wahl des Bildungsganges ähnlich dar. Eltern genießen gemäß Art. 6 Abs. 2 S. 1 GG ein primäres Erziehungsrecht, das sie im Rahmen ihrer Elternverantwortung ausüben und in das der Staat nur sehr beschränkt, nämlich lediglich bei einer Gefährdung des Kindeswohls, eingreifen darf (Art. 6 Abs. 2 S. 2)[25]. Bestandteil dieser Freiheitsgarantie ist das Recht der Eltern auf die eigenverantwortliche und freie Wahl zwischen den verschiedenen vom Staat zur Verfügung gestellten Bildungswegen, vor allem im Anschluß an die Grundschule[26]. Ebenso wie die Kindesrechte auf freien Zugang zur gewünschten Schulart trifft auch das elterliche Bestimmungsrecht auf gewisse Einschränkungen, die sich aus der verfassungsrechtlich gleichrangigen Vorschrift des Art. 7 Abs. 1 GG ergeben, welche dem Staat auf dem Gebiet des Schulwesens hoheitliche Gestaltungsrechte einräumt. Die dort festgeschriebene staatliche Schulaufsicht steht insofern in einem latenten Kollisionsverhältnis zum elterlichen Erziehungsprimat, das insbesondere bei Fragen der angestrebten bzw. verweigerten Schullaufbahn offen ausbricht. Die Rechtsprechung, und ihr folgend das Schrifttum, hat mittlerweile einen gesicherten Stand bezüglich der rechtsdogmatischen Ausdifferenzierung von Art. 6 Abs. 2 S. 1 in Relation zu Art. 7 Abs. 1 GG erreicht, auf dessen Basis die oben angesprochenen Fragestellungen beantwortet werden können. Zusammenfassend läßt sich demgemäß eine Gleichordnung von elterlichem Erziehungsrecht und staatlichem Erziehungsauftrag in der Schule festhalten; beide sind nicht einander vor- bzw. nach-, sondern gleichgeordnet: „Diese gemeinsame Erziehungsaufgabe, welche die Bildung der einen Persönlichkeit des Kindes zum Ziel hat, läßt sich nicht in einzelne Kompetenzen zerlegen. Sie ist in einem sinnvoll aufeinander bezogenen Zusammenwirken zu erfüllen. Der Staat muß deshalb in der Schule die Verantwortung der

---

[25] BVerfGE 24, 119, 144 und st. Rspr.; aus dem Schrifttum z. B. Böckenförde, Elternrecht — Recht des Kindes — Recht des Staates — Zur Theorie des verfassungsrechtlichen Elternrechts und seine Auswirkung auf Erziehung und Schule, in: Essener Gespräche zum Thema Staat und Kirche, 1980, S. 54 ff., 76 u. ö. oder Ossenbühl, Das elterliche Erziehungsrecht im Sinne des Grundgesetzes, 1981, S. 68 ff. und passim, sowie Jeand'Heur, Der Kindeswohl-Begriff aus verfassungsrechtlicher Sicht, Schriftenreihe der Arbeitsgemeinschaft für Jugendhilfe (AGJ), 1991, S. 21 ff.

[26] Unbestritten, vgl. statt vieler Heckel / Avenarius (Anm. 18), S. 304 ff.

Eltern für den Gesamtplan der Erziehung ihrer Kinder achten und für die Vielfalt der Anschauungen in Erziehungsfragen so weit offen sein, als es sich mit einem geordneten staatlichen Schulsystem verträgt"[27]. Art. 7 Abs. 1 GG überträgt dem Staat in diesem Kontext die Befugnis, aber auch die Pflicht, für eine diesem gemeinsamen Erziehungsauftrag gerecht werdende organisatorische Gliederung und Strukturierung des Schulwesens Sorge zu tragen[28]. Daneben stellt Art. 7 Abs. 1 GG die inhaltliche Festlegung der Ausbildungsgänge und der Unterrichtsziele unter staatliche Schulhoheit. Daraus ergibt sich das Recht des Staates, u. a. die Voraussetzungen für den Zugang zu weiterführenden Schulen und den Übergang von einem Bildungsweg zum anderen zu bestimmen[29]. Für den weiteren Bildungsweg, das elterliche Wahl- und das staatliche Eignungsprüfungsrecht hat das Bundesverfassungsgericht in seinem Grundsatzurteil (zur hessischen Förderstufe) verbindlich festgelegt: „Die Entscheidung über den weiteren Bildungsweg des Kindes hat das Grundgesetz zunächst den Eltern als den natürlichen Sachwaltern für die Erziehung des Kindes belassen. Damit wird jedenfalls dem Grundsatz nach berücksichtigt, daß sich das Leben des Kindes nicht nur nach seiner ohnehin von den Umweltfaktoren weitgehend geprägten Bildungsfähigkeit und seinen Leistungsmöglichkeiten gestaltet, sondern daß hierfür auch die Interessen und Sozialvorstellungen der Familie von großer Bedeutung sind. Diese primäre Enscheidungszuständigkeit der Eltern beruht auf der Erwägung, daß die Interessen des Kindes am besten von den Eltern wahrgenommen werden. Dabei wird sogar die Möglichkeit in Kauf genommen, daß das Kind durch einen Entschluß der Eltern Nachteile erleidet, die im Rahmen einer nach objektiven Maßstäben betriebenen Begabtenauslese vielleicht vermieden werden könnten. Dieses Bestimmungsrecht der El-

---

[27] BVerfGE 34, 165, 13.

[28] Dazu sowie zu der lange Zeit umstrittenen Frage, ob der Staat dem Elternrecht noch hinreichend Raum gibt, wenn er die integrierte Gesamtschule als Schule mit Monopolcharakter einführt: Heckel / Avenarius (Anm. 18), S. 305 m. w. N.; zum Anspruch des Erziehungsberechtigten auf das Angebot eines bestimmten Bildungsganges: VGH Kassel, NVwZ-RR 1989, 347 f.; und schließlich zur Problematik organisatorischer Maßnahmen, welche zur Aufhebung einer Schule gegen den erklärten Elternwillen führen: Heckel / Avenarius, ebd., S. 306, sowie aus der jüngeren Rechtsprechung OVG Koblenz, NVwZ-RR 1988, 82.

[29] H. M.; zuletzt z. B. VGH Kassel, NVwZ 1988, 949 ff., 950.

II. Entscheidung über die Wahl der Schullaufbahn

tern umfaßt auch die Befugnis, den von ihrem Kind einzuschlagenden Bildungsweg in der Schule frei zu wählen (...). Dieses Recht der Eltern ist aber (...) nicht allein durch das Wächteramt gemäß Art. 6 Abs. 2 S. 2 GG (...) begrenzt. Im Rahmen der sich aus Art. 7 Abs. 1 GG ergebenden Befugnis des Staats, das Schulsystem zu bestimmen, kann insbesondere die Aufnahme des Kindes in die verschiedenen Bildungswege an Zulassungsvoraussetzungen geknüpft werden, deren Festsetzung im einzelnen Sache der Länder ist. Das Wahlrecht der Eltern zwischen vom Staat zur Verfügung gestellten Schulformen darf jedoch nicht mehr als notwendig begrenzt werden"[30]. Die gefestigte Rechtsprechung des Bundesverfassungsgerichts[31] zielt auf eine Zusammenarbeit von Elternhaus und Schule im Sinne eines „freundlichen Miteinander"[32], wobei die Eltern ein positives Wahlrecht haben, während sich das staatliche Bestimmungsrecht auf eine sog. negative Auslese der Schüler beschränkt; darunter ist zu verstehen, daß der Staat zwar ungeeignete Schüler fernhalten, aber geeignete Schüler nicht zum Besuch einer weiterführenden Schule verpflichten darf[33]. Aus der verfassungsdogmatischen Gleichrangigkeit von Elternrecht und staatlicher Schulhoheit folgt eine ausgewogene relationale Zuordnung der jeweiligen Regelungsgehalte beider Vorschriften. Ausgehend von dem im Verfassungsrecht gebräuchlichen Grundsatz der praktischen Konkordanz[34] sollen dabei weder Art. 6 Abs. 2 noch Art. 7

---

[30] BVerfGE 34, 165, 184 f.; vgl. ferner BVerfGE 47, 46, 71; 64, 308, 312.

[31] Siehe nur die Nachweise zu Rechtsprechung und Schrifttum bei Heckel / Avenarius (Anm. 18), S. 327 f., oder Theuersbacher, Die Entwicklung des Schulrechts von 1984 bis 1987, in: NVwZ 1988, 886 ff., 887 f.

[32] Richter, Eignungsbegutachtung von Schülern, in: NVwZ 1990, 35 ff., 35.

[33] Maunz, in: ders. / Dürig / Herzog, Grundgesetz-Kommentar, Art. 7 Rz. 21 k; ebenso Richter (Anm. 32), S. 35; dort auch die terminologische Abgrenzung zwischen negativer und (verbotener) positiver Auslese: „Unter positiver Auslese wird dabei im allgemeinen die Zuweisung der Grundschüler zu bestimmten Schulen der Sekundarstufe I ohne Mitwirkung der Eltern verstanden"; bei Richter, ebd. findet sich ferner der Hinweis auf die frühe Rechtsprechung des Bundesverwaltungsgerichts (E 5, 153) aus dem Jahre 1957, die schon damals das Verbot der positiven Auslese postulierte, woran 1972 das Bundesverfassungsgericht im Förderstufen-Urteil anknüpfen konnte.

[34] Dazu Hesse, Grundzüge des Verfassungsrechts der Bundesrepublik Deutschland. 17. Aufl. 1990, Rz. 317 ff.

II. Entscheidung über die Wahl der Schullaufbahn

Abs. 1 GG mehr als erforderlich eingeschränkt und schon gar nicht vollständig negiert werden. Rechtspraktisch führt dieser auf Ausgewogenheit zielende Interpretationsgrundsatz zu folgenden Ergebnissen: Erstens kann das elterliche Wahlrecht nur im Rahmen des vom Staat zur Verfügung gestellten Schulsystems ausgeübt werden. Dies setzt allerdings, zweitens, voraus, daß der Staat seinerseits ein Bildungswesen bereitstellt, das den verschiedenen Begabungsrichtungen weitestgehenden Raum zur Entfaltung läßt[35]. Die Grenze des diesbezüglichen staatlichen Gestaltungsspielraums liegt nun aber, drittens, dort, wo das elterliche Bestimmungsrecht (wie auch das Zugangsrecht von Kindern) faktisch leerläuft, weil der Staat entweder auf der organisationsrechtlichen Ebene versäumt, hinreichend differenzierte Schulformen einzurichten[36], oder weil er — bei ausreichend vorhandenen Wahlmöglichkeiten — das Übertrittverfahren nach sachfremden Gesichtspunkten regelt und insofern unverhältnismäßig in die Rechte von Eltern wie Schülern eingreift. Da die beim Übertritt von der einen in die andere Schulart auftretenden Fragen stets die Grundrechte aus Art. 2 Abs. 1, 12 Abs. 1 bzw. 6 Abs. 2 GG berühren können, ist der Staat hinsichtlich der Ausübung seiner Schulhoheit auf diesem Gebiet nicht frei. Vielmehr hat er hierbei folgende Anforderungen zu erfüllen: Zunächst ist er gehalten, die Einrichtung und Ausgestaltung des Übertrittverfahrens nicht der Exekutive, im Zweifel der jeweiligen Schulverwaltung zu überlassen, sondern selbst die legislativ notwendigen Schritte einzuleiten. Dies folgt aus dem Grundsatz des Gesetzesvorbehalts (Art. 20 Abs. 3 GG), der den Gesetzgeber verpflichtet, aufgrund des Rechtsstaats- und Demokratieprinzips in allen grundlegenden normativen Bereichen, insbesondere im Bereich der Grundrechtsausübung seiner Verantwortung gerecht zu werden und staatliche Eingriffsmöglichkeiten in derart besonders geschützte Zusammenhänge auf eine gesetzliche Grundlage zu stellen[37]. Da der Zugang zu weiterführenden Schulen das Grundrecht der freien Wahl der Ausbildungsstätte

---

35 Theuersbacher (Anm. 31), S. 887.

36 Siehe etwa BayVerfGHE 36, 26 = NVwZ 1984, 97.

37 Allgemein zum Vorbehalt des Gesetzes: Niehues, Schul- und Prüfungsrecht. 2. Aufl. 1983, Rz. 65 ff., sowie zu dessen Anwendung auf das Schulverhältnis ebd., Rz. 78 ff.; instruktiv auch Seebass, Die Prüfung — ein rechtsschutzloser Freiraum des Prüfers?, in: NVwZ 1985, 521 ff., 522 f., oder Heckel / Avenarius (Anm. 18), S. 166 ff.

II. Entscheidung über die Wahl der Schullaufbahn

(Art. 12 Abs. 1 GG) nicht nur als Abwehrrecht, sondern gleichfalls in seiner teilhaberechtlichen Dimension[38] — verstanden als Recht auf gleichberechtigte Teilhabe am vorhandenen Schulangebot — tangiert, da zudem das allgemeine Persönlichkeits- wie Entfaltungsgrundrecht aus Art. 2 Abs. 1 GG sowie, auf seiten der Eltern, das Recht auf freie Wahl des Bildungsweges durch die Einrichtung von Übertrittverfahren eingeschränkt werden können, bedarf infolgedessen die Regelung der Eignungsvoraussetzungen einer gesetzlichen Grundlage[39]. Hier taucht nun gleich das nächste Problem auf: Wie bestimmt, eindeutig und im Einzelfall konkretisierbar müssen die entsprechenden legislativen Vorgaben sein bzw., inwieweit darf das Parlament die nähere Ausgestaltung des Übertrittverfahrens an den Verordnungsgeber, das zuständige Kultusministerium, übertragen? Ohne an dieser Stelle auf die hierzu vertretenen Auffassungen im einzelnen eingehen zu müssen[40], lassen sich doch folgende allgemein anerkannte Richtlinien formulieren. Danach soll der Parlamentsgesetzgeber alle „wesentlichen" Entscheidungen selbst treffen und sie nicht per Ermächtigungsgrundlage auf den Verordnungsgeber (als Teil der Exekutive) delegieren. Hinsichtlich der Antwort auf die Frage, was als „wesentlich" angesehen werden muß, gilt der Grundsatz: je einschneidender sich eine Maßnahme auf die Wahrnehmung von Grundrechten auswirken kann, desto eher ist die Legislative gefordert, die gesetzliche Ausgestaltung für derartige Eingriffe in Freiheitsgarantien selbst vorzunehmen[41]. Mit Blick auf die Problemstellung geht der zu beobachtende Trend wohl dahin, die vom Bundesverfassungsgericht zu Fragen des zwangsweisen Schulausschlusses entwickelten Grundsätze[42] auf das Übergangs- und Auf-

---

[38] BVerfGE 33, 303, 322 ff. (in bezug auf Hochschulzulassungen).

[39] Einhellige Auffassung, siehe z. B. Heckel / Avenarius (Anm. 18), S. 328.

[40] Vgl. etwa die Nachweise bei Niehues (Anm. 37), Rz. 175 ff.; Heckel / Avenarius (Anm. 18), S. 173.

[41] So unterscheidet das Bundesverfassungsgericht (E 58, 257, 272 ff.) beispielsweise zwischen dem leistungsbedingten Schulausschluß und der Nichtversetzung in eine höhere Klasse. Dazu Seebass (Anm. 37), S. 522: „Der zwangsweise Ausschluß aus einer Schule sei eine ungleich einschneidendere Maßnahme als die bloße Nichtversetzung. Der Verfassungssatz vom Vorbehalt des Gesetzes (...) erfordere deshalb, daß der Gesetzgeber die wesentlichen Bestimmungen über die zwangsweise Schulentlassung selbst regele. Für die bloße Nichtversetzung gelte der Parlamentsvorbehalt dagegen nicht".

[42] Vgl. soeben Anm. 41.

nahmeverfahren für weiterführende Schulen zu übertragen. Bei der Zulassung zu entsprechenden Schullaufbahnen liege zwar keine statusbeendende, wie beim Schulausschluß, jedoch eine diesem vergleichbare statusbegründende Maßnahme vor, so daß sich der Sache nach keine Bewertungsunterschiede zwischen einer zwangsweisen Entlassung aus einer Schule und der Nichtzulassung zu einer gewünschten Schule erkennen ließen[43]. Unter Zugrundelegung der damit recht weit gesteckten, unter rechtsstaatlichen Gesichtspunkten jedoch begrüßenswerten Erwartungshaltung, erscheint es mehr als ungewiß, inwiefern die Vorschriften zur Regelung des Übergangsverfahrens in den jeweiligen Schulgesetzen der Länder solchen Anfordernen standhalten[44];

[43] So etwa Sannwald, Rechtsprobleme des Übergangsverfahrens von der Grundschule auf die weiterführenden Schularten, in: VBlBW 1985, 412 ff., 414; siehe ferner VGH Kassel, NVwZ 1988, 949 ff., 951: „Im Hinblick auf die Grundrechtsrelevanz der Wahl des Bildungsweges und damit zusammenhängend der Übergänge in andere Schulformen ist fraglich, ob nicht gesetzliche Leitentscheidungen bezüglich des Verfahrens der Eignungsfeststellung und der wesentlichen Eignungskriterien erforderlich sind". In diesem Kontext ist durchaus auch eine sinngemäße Übernahme der im NC-Entscheid (BVerfGE 33, 303, 345) entwickelten Grundsätze denkbar. Das Bundesverfassungsgericht hat dort wegen der Grundrechtsrelevanz von Zulassungsregelungen für NC-Fächer gefordert, der Gesetzgeber müsse die „grundlegenden Entscheidungen selbst verantworten" und „auch im Falle einer Delegation seiner Regelungsbefugnis zumindest die Art der anzuwendenden Auswahlkriterien und deren Rangverhältnis untereinander selbst (festlegen)".

[44] Die Schulgesetze enthalten zumeist nur Ermächtigungsnormen, die den zuständigen Kultusminister zum Erlaß von Rechtsverordnungen legitimieren, ihrerseits jedoch sehr allgemein formuliert sind und inhaltlich verbindliche Normativvorgaben vermissen lassen. Symptomatisch etwa Art. 23 Abs. 2 BayEUG: „Für Schulen, die nicht Pflichtschulen sind, wird das zuständige Staatsministerium ermächtigt, die Voraussetzungen der Aufnahme (...), das Aufnahmeverfahren und eine Probezeit in der Schulordnung zu regeln; dabei kann die Aufnahme von einer der Aufgabenstellung der Schule entsprechenden Leistungsfeststellung abhängig gemacht werden (...)". Ähnlich z. B. § 89 Abs. 1, Abs. 2 Nr. 1a SchulG Baden-Württemberg, § 14 Abs. 6 SchulG Bremen („Das Nähere ... regelt der Senator für Bildung durch Rechtsverordnung"), § 32 Abs. 1 S. 3 SchulG Hamburg, § 43a Abs. 1 Nr. 1 SchulG Niedersachsen, § 26b Abs. 1 Nr. 2 SchulVG Nordrhein-Westfalen, § 42 Abs. 1, Abs. 2 Nr. 1 SchulG Rheinland-Pfalz, § 33 Abs. 1, Abs. 2 Nr. 1a SchOrdG Saarland; § 121 Abs. 1, Abs. 2 Nr. 1 u. 6 SchulG Schleswig-Holstein. Kritisch gegenüber derart unbestimmten Ermächtigungsnormen: Sannwald (Anm. 43), S. 415 (speziell zur Regelung im baden-württembergischen Schulgesetz). Dagegen sehr genau die Verfahrensgrundsätze und Zuständigkeitsregelungen

einiges deutet mithin auf eine Nachbesserungspflicht der Länderparlamente hin[45]. Diese müssen nicht nur, wie bereits geschehen, die *Einrichtung* des Übertrittverfahrens formell-gesetzlich vornehmen, sondern ebenfalls dessen nähere *Ausgestaltung* zumindest hinsichtlich der Kriterien zur Feststellung der für die Aufnahme in eine Schule erforderlichen Eignung und des dabei anzuwendenden Verfahrensablaufs leitbildhaft festlegen[46]. Dagegen wäre es verfassungsrechtlich nicht zu beanstanden, wenn die konkretisierende Ausfüllung der solcherart erweiterten legislativen Vorgaben, etwa die nähere Zusammenstellung des Prüfungsstoffes, die Bewertungsmaßstäbe im einzelnen usw., im Wege einer Verordnungsermächtigung an den Kultusminister delegiert wird[47].

Zusammenfassend bleibt festzuhalten: Der Gesetzgeber ist berechtigt *und* verpflichtet, das Übertrittverfahren unter Beachtung der oben genannten Grundrechte der Eltern wie Schüler formellgesetzlich zu ordnen. Diese Regelungen wie auch die darauf beruhenden Durchführungsverordnungen dürfen das Recht auf freie Bildungswahl nicht unverhältnismäßig einschränken; sie sind verfassungsrechtlich nur so weit zulässig, als sie den Erziehungsprimat der Eltern nicht verletzen, das heißt insbesondere nicht zu einem faktischen Leerlaufen des Wahlrechts führen.

---

beim Übergang von der Grund- in die Oberschule festschreibend: § 29 SchulG Berlin.

[45] Sannwald (Anm. 43), S. 415 weist in diesem Zusammenhang auf die in der Verwaltungsrechtsprechung vorherrschende Auffassung hin, es sei „aus Gründen der Rechtssicherheit und zur Sicherung der Funktionsfähigkeit der Lehranstalten auf eine rechtsförmige Ausgestaltung des Schulverhältnisses für eine Übergangszeit vorläufig zu verzichten, bis der Gesetzgeber das bisher nicht so empfundene Defizit normativer Lenkung ausgeglichen hat". Der Beitrag Sannwalds erschien Ende 1985 — es bedarf keiner allzu großen Prophezeiungsgabe, um die Vorhersage zu wagen, daß sich die Legislative ohne ein Machtwort der Verfassungsrechtsprechung auf diesem Gebiet auch weiterhin mehr oder weniger passiv verhalten wird.

[46] Heckel / Avenarius (Anm. 18), S. 173; Niehues (Anm. 37), Rz. 176 f.

[47] Hierbei ist der Grundsatz des Art. 80 Abs. 1 S. 1 GG zu beachten, der zwar nicht unmittelbar auf die Landesgesetzgebung anwendbar ist, gleichwohl aber als Ausprägung des Rechtsstaats- und Demokratieprinzips auch die Landesgesetzgebung bindet. Danach sind Inhalt, Zweck und Ausmaß der erteilten Ermächtigung im Gesetz festzulegen; zur Problematik: BVerfGE 58, 257, 276 ff.

III. Die Regelung des Übertrittverfahrens nach den jeweiligen landesrechtlichen Bestimmungen

Eine vergleichende Darstellung ergibt folgendes Bild.

1. In den alten Ländern

Die *alten Länder* haben das elterliche Wahlrecht auf Bestimmung des Bildungsweges positivrechtlich verbrieft[48]. Der Übergang von der Grundschule bzw. der Orientierungsstufe auf eine weiterführende Schule[49] richtet sich demnach prinzipiell nach dem Elternwillen, wobei jedoch gleichfalls die Eignung des Schülers für einen erfolgversprechenden Besuch der angestrebten Schulart ausschlaggebend sein soll[50], die regelmäßig durch eine Empfehlung der abgebenden Schule festgestellt wird, welche ihrerseits auf einem Gutachten (in Bayern: Übertrittszeugnis) der Klassenkonferenz beruht[51]. Großes Gewicht wird

---

[48] § 88 Abs. 1 SchulG Baden-Württemberg; § 23 Abs. 1 BayEUG; § 29 Abs. 2 SchulG Berlin; § 12a Abs. 3 SchulG Bremen; § 32 Abs. 1 SchulG Hamburg; § 5 Abs. 2 SchulVG Hessen; § 43 Abs. 1 SchulG Niedersachsen; § 2 Abs. 2 SchOrdG Nordrhein-Westfalen; § 47 Abs. 1 SchulG Rheinland-Pfalz; § 31 Abs. 1 SchOrdG Saarland; § 4 Abs. 6 S. 3 SchulG Schleswig-Holstein.

[49] Die Studie beschäftigt sich primär mit dieser Sachkonstellation. Vgl. zum Wechsel der Schulart während der Sekundarstufe I oder zu den Möglichkeiten einer Weiterqualifikation von Schülern mit Realschul- bzw. qualifiziertem Hauptschulabschluß die Ausführungen bei Heckel / Avenarius (Anm. 18), S. 329.

[50] § 88 Abs. 2 SchulG Baden-Württemberg; § 23 Abs. 1 BayEUG; § 29 Abs. 3 SchulG Berlin; § 12a Abs. 3 i. V. m. § 24 Abs. 1 SchulG Bremen; § 32 Abs. 1 SchulG Hamburg; § 5 Abs. 2 SchulVG Hessen; § 6 Abs. 3 SchulG Niedersachsen (implizit); § 2 Abs. 2 SchOrdG Nordrhein-Westfalen; §§ 47 Abs. 1, 32 Abs. 1 SchulG Rheinland-Pfalz; § 31 Abs. 1 SchOrdG Saarland; § 4 Abs. 1 SchulG Schleswig-Holstein.

hierbei stets auf die Beratung der Eltern durch Lehrer wie Schulleiter der abgebenden bzw. aufnehmenden Schule gelegt; die Leistungsfähigkeit und Eignung des Schülers sowie die Wünsche der Eltern sollen im Mittelpunkt stehen[52]. Zeigt sich dabei bzw. danach, daß Elternwille

[51] § 4 Aufnahmeverordnung Baden-Württemberg v. 10.6.1983 i. V. m. II. Nr. 3 der Verwaltungsvorschrift zum Aufnahmeverfahren für die auf die Grundschule aufbauenden Schularten: Orientierungsstufe v. 10.6.1981; § 5 Abs. 2 bis Abs. 4 Volksschulordnung Bayern v. 21.6.1983 i. d. F. v. 26.7.1989; § 3 Abs. 2 Übergangs- und Überführungsverordnung Bremen v. 9.2.1981 i. d. F. v. 29.4.1988; §§ 18 Abs. 2, 22 Abs. 1 Zeugnis- und Versetzungsordnung Hamburg v. 3.7.1979 bzw. §§ 4 Abs. 1, 5 i. V. m. § 3 Ordnung der Zeugnisse und der Übergänge für den Schulversuch Orientierungsstufe Hamburg v. 4.11.1980 (dort: Übergangszeugnisse); § 5a Abs. 2 SchulVG Hessen; § 1 Abs. 1 VO über den Wechsel der Schulform im Sekundarbereich I Niedersachsen v. 24.3.1983; § 14 Abs. 2 VO über den Bildungsgang in der Grundschule (Ausbildungsordnung gem. § 26b SchulVG Nordrhein-Westfalen) v. 30.5.1979; § 16 Abs. 2 SchulO für die öffentlichen Grundschulen Rheinland-Pfalz v. 21.7.1988 i. d. F. v. 20.6.1990, § 19 Abs. 1 SchulO für die öffentlichen Hauptschulen, Realschulen, Gymnasien und Kollegs Rheinland-Pfalz v. 14.5.1989 i. d. F. v. 20.6.1990; § 2 Abs. 2 VO — SchulO — über den Übergang von der Grundschule in die Klassenstufe 5 der Hauptschule, der Realschule, des Gymnasiums oder der Gesamtschule Saarland v. 14.12.1988 (dort: Entwicklungsbericht); § 3 LandesVO über die Orientierungsstufe Schleswig-Holstein v. 6.2.1980 i. d. F. v. 29.6.1981. Die Verordnungen beruhen auf den in Anmerkung 50 genannten jeweiligen Ermächtigungsnormen.

[52] § 19 SchulG Baden-Württemberg, §§ 3, 5 Abs. 1 AufnahmeVO Baden-Württemberg, II. Nr. 1 u. 4, III. Nr. 3 u. 4 Verwaltungsvorschrift zum Aufnahmeverfahren für die auf der Grundschule aufbauenden Schularten: Orientierungsstufe Baden-Württemberg; § 5 Abs. 1 Volksschulordnung Bayern; § 29 Abs. 2 SchulG Berlin; § 3 Abs. 1 Übergangs- und Überführungsverordnung Bremen; § 22 Abs. 2 S. 3 ZVO Hamburg i. V. m. § 1 Abs. 2 Bestimmungen über den Übergang in weiterführende Schulen v. 3.7.1967 i. d. F. v. 12.6.1968; § 5 Abs. 2 SchulVG Hessen; § 1 VO über den Wechsel der Schulform im Sekundarbereich I i. V. m. Ziff. 9 des Erlasses v. 30.4.1987 zur Arbeit in der Orientierungsstufe Niedersachsen; § 30 Abs. 3 SchulO Nordrhein-Westfalen v. 8.11.1978 i. d. F. v. 5.12.1989, § 13 VO über den Bildungsgang in der Grundschule (Ausbildungsordnung gem. § 26b SchulVG) Nordrhein-Westfalen; § 14 SchulO für die öffentlichen Grundschulen Rheinland-Pfalz, §§ 8 Abs. 3, 19 Abs. 1 SchulO für die öffentlichen Hauptschulen, Realschulen, Gymnasien und Kollegs Rheinland-Pfalz; § 2 Abs. 3 VO — SchulO — über den Übergang von der Grundschule in die Klassenstufe 5 der Hauptschule, der Realschule, des Gymnasiums oder der Gesamtschule Saarland; § 2 LandesVO über die Orientierungsstufe Schleswig-Holstein.

und Grundschulempfehlung übereinstimmen, stehen dem Zugang des Kindes zur gewählten Schulart keinerlei Hindernisse im Weg. Treffen die Eltern keine Wahl, darf unterstellt werden, daß die Erziehungsberechtigten mit der Empfehlung einverstanden sind und der Schüler der entsprechenden Schulart zugewiesen werden kann. Wollen die Eltern ungeachtet der Empfehlung ihr Kind in eine Schule mit niedrigerem Anspruchsniveau schicken (statt Gymnasium beispielsweise Realschule), dann wird dies gemäß o. g. Ausführungen (Teil II.) respektiert[53]. Problematisch sind nun die Fälle, in denen sich die Eltern entgegen der Grundschulempfehlung und trotz Beratungsgespräch für eine Schule mit höherem Anspruchsniveau entscheiden (etwa Gymnasium statt Real- oder Hauptschule). Das Auseinanderfallen von Elternwillen und Schulempfehlung wird von Land zu Land unterschiedlich gehandhabt. Drei Herangehensweisen bzw. Regelungsmodelle sind feststellbar:

a) Baden-Württemberg und Rheinland-Pfalz sehen eine besondere Prüfung vor, um zu ermitteln, ob der Schüler die von den Eltern gewünschte Schulart voraussichtlich erfolgreich zu absolvieren vermag. In Baden-Württemberg soll zunächst im Rahmen einer sog. gemeinsamen Bildungsempfehlung im Wege von Beratungsgesprächen und evtl. Begabungstests eine einvernehmliche Lösung gefunden werden[54]. Besteht danach immer noch Dissens, beharren die Eltern auf dem gewünschten Bildungsgang trotz entgegenstehender gemeinsamer Bildungsempfehlung, so muß der Schüler eine Aufnahmeprüfung gem. §§ 6-10 Aufnahmeverordnung bestehen. Diese setzt sich aus einem mündlichen und schriftlichen Teil zusammen[55]. In Rheinland-Pfalz ist zur Zeit noch ein ähnliches Verfahren — allerdings ohne gemeinsame Bildungsempfehlung — zu durchlaufen[56].

---

[53] Heckel / Avenarius (Anm. 18), S. 328.

[54] § 5 AufnahmeVO; siehe auch II. 4 Aufnahmeverfahren für die auf der Grundschule aufbauenden Schulen (Verwaltungsvorschrift v. 10.6.1983).

[55] Zu den Einzelheiten §§ 8 bzw. 9 AufnahmeVO. Die bis vor kurzem noch in der 4. Grundschulklasse landeseinheitlich vorgesehenen Orientierungsarbeiten (das „Grundschulabitur") sollen dagegen künftig nicht mehr geschrieben werden.

[56] Vgl. § 16 Abs. 5 SchulO für die öffentlichen Grundschulen i. V. m. §§ 15 Abs. 3, 16 SchulO für die öffentlichen Hauptschulen, Realschulen,

b) In Bayern müssen Schüler ohne entsprechendes Übertrittszeugnis einen dreitägigen Probeunterricht am Gymnasium besuchen, innerhalb dessen schriftliche Arbeiten in den Fächern Deutsch und Mathematik und ein evtl. zusätzliches Prüfungsgespräch die Eignungsbefähigung erbringen sollen[57]. Zudem ist die endgültige Aufnahme abhängig vom Bestehen einer Probezeit (bis zur Erteilung des Zwischenzeugnisses)[58]. Auch in Nordrhein-Westfalen müssen Schüler bei entgegenstehener Gesamtbeurteilung der Grundschule an einem Probeunterricht teilnehmen, der drei Tage dauert und schriftlich sowie mündlich durchgeführt wird (das sieht § 14 Abs. 3, Abs. 4 Ausbildungsordnung gem. § 26 b SchulVG vor)[59].

c) Berlin, Bremen, Hamburg, Niedersachsen, das Saarland und Schleswig-Holstein überlassen die Wahl der Schulart auch bei entgegenstehender Empfehlung/anderslautendem Entwicklungsbericht letztendlich den Eltern[60]. Ohne Aufnahmeprüfung oder

---

Gymnasien und Kollegschulen; siehe ferner zu Schullaufbahnentscheidungen am Ende der Orientierungsstufe, wo bei abweichender Empfehlung ein Prüfungsverfahren vorgesehen ist, §§ 19 ff. SchulO für die öffentlichen Hauptschulen, Realschulen, Gymnasien und Kollegschulen. Ab dem Schuljahr 1992/93 möchte die Landesregierung die Aufnahmeprüfung abschaffen und die Entscheidung über den weiteren Bildungsweg, wie in den sogleich unter c) genannten Ländern, auch bei negativer Grundschulempfehlung allein den Eltern überlassen; vgl. hierzu dpa-Dienst für Kulturpolitik v. 22.7.1991, S. 7 f.

[57] §§ 6 bis 8 Gymnasialschulordnung v. 16.6.1983 i. d. F. v. 30.7.1990.

[58] §§ 11 u. 12 Gymnasialschulordnung.

[59] Nach § 5a SchulVG dienen zusätzlich die 5. und 6. Klasse der Haupt- und Realschule sowie des Gymnasiums als Erprobungsstufe mit dem Ziel, die Entscheidung über die Eignung des Schülers für die gewählte Schulform sicherer zu machen. In der Regel wird dann am Ende der Erprobungsstufe die Entscheidung über die endgültige Aufnahme des Schülers in die gewünschte und schon besuchte Schule gefällt. Die Entscheidung trifft die Klassenkonferenz. Stimmen die Eltern einer negativen Beurteilung nicht zu, so entscheidet die Klassenkonferenz erneut darüber, ob der Schüler in die 7. Klasse des Gymnasiums versetzt werden kann oder ob er einen Abschnitt der Erprobungsstufe (6. Klasse) wiederholen muß; siehe im einzelnen: RdErl. v. 3.3.1969, geändert durch RdErl. v. 30.7.1984 (Verfahren am Ende der Erprobungsstufe).

[60] So ausdrücklich § 3 Abs. 4 Übergangs- und ÜberführungsVO Bremen; § 1 Abs. 2 S. 2 VO über den Wechsel der Schulform im Sekundarbereich I Niedersachsen; ferner implizit § 29 Abs. 2 S. 2 SchulG Berlin; § 1 Abs. 1 Bestimmungen für den Übergang in weiterführende Schulen in Hamburg v.

Probeunterricht kann der Schüler in das Gymnasium überwechseln, wobei jedoch der Übergang erst nach einer Erprobungszeit abgeschlossen ist[61]. Während der Probephase sind zudem Schrägversetzungen[62] möglich. Am Ende der Probezeit wird über die Befähi-

---

3.7.1967 i. d. F. v. 12.6.1968 i. V. m. § 18 Abs. 1 S. 3 (Orientierungsstufe) bzw. § 22 Abs. 2 S. 2 (weiterführende Schulformen) Zeugnis- und Versetzungsverordnung Hamburg; § 31 Abs. 1 S. 3 SchulOrdG Saarland, § 2 Abs. 4 Verordnung — SchulO — über den Übergang von der Grundschule in die Klassenstufe 5 der Hauptschule, der Realschule, des Gymnasiums oder der Gesamtschule Saarland; § 4 Abs. 1 LandesVO über die Orientierungsstufe Schleswig-Holstein.

[61] In Berlin gem. § 29 Abs. 3 SchulG ein halbes Jahr, in Bremen nach § 4 Abs. 1 Übergangs- und Überführungsverordnung das erste Schuljahr (7. Jahrgangsstufe) der Realschule bzw. des Gymnasiums. In Hamburg unterscheidet die Zeugnis- und Versetzungsordnung zwischen dem Übergang auf die Beobachtungsstufe der jeweiligen Schulart (§ 18) und dem nach Abschluß der 6. Klasse endgültig zu erfolgenden Übergang in die entsprechenden weiterführenden Schulformen (§ 22), der dann allerdings vom Vorliegen eines fächerspezifischen Leistungsnachweises (auf Grundlage des abgelaufenen Schuljahres) abhängig gemacht wird (§§ 23 bis 24). In Niedersachsen, wo die Eltern am Ende der Orientierungsstufe (6. Jahrgangsstufe) ihr Wahlrecht ausüben, kann ein Schüler, der ohne entsprechende Empfehlung die Realschule oder das Gymnasium besucht und am Ende der 7. Jahrgangsstufe nicht versetzt wird, an die für ihn geeignete Schulform überwiesen werden (§ 43 Abs. 4 S. 4 SchulG): Damit kommt das erste Schuljahr auf der weiterführenden Schule einer Probezeit gleich. Im Saarland dient die Orientierungsphase gewissermaßen als Probezeit; „am Ende der 6. Klassenstufe entscheidet die Klassenkonferenz unter Berücksichtigung der Leistungen und der Gesamtentwicklung des Schülers über dessen Eignung für den weiteren Besuch des Gymnasiums" (§ 14 Abs. 6 Zeugnis- und Versetzungsordnung — Schulordnung — für die Gymnasien). Auch in Schleswig-Holstein erfüllt die Orientierungsstufe gem. § 8 Abs. 3 SchulG i. V. m. § 1 LandesVO über die Orientierungsstufe die Funktion einer Probephase.

[62] Dies ist für die Länder mit nur einem halben bzw. einem Schuljahr Probezeit (im Gegensatz zum Saarland bzw. Schleswig-Holstein mit der dort zweijährigen Erprobungsphase) weniger relevant. Nach § 8 LandesVO über die Orientierungsstufe Schleswig-Holstein bedarf eine Versetzung in eine weiterführende Schulart der Zustimmung der Eltern, wogegen Rücküberweisungen vom Gymnasium auf die Real- oder Hauptschule ohne Elternzustimmung vorgenommen werden können; abweichend davon ist bei einer Rückversetzung vom Gymnasium auf die Real- oder Hauptschule im Saarland das Einverständnis der Erziehungsberechtigten einzuholen, selbst dann, wenn die Klassenkonferenz mit zwei Drittel Mehrheit der Ansicht ist, der Schüler sei in mehreren Fächern ständig auf dem Gymnasium überfordert (§ 14 Abs. 4

gung und Geeignetheit des Schülers für den weiteren Besuch der, besser: für die jetzt erst erfolgende eigentliche Aufnahme in die gewählte Schulart schließlich von der Klassenkonferenz eine verbindliche Entscheidung getroffen[63].

Eine gesonderte Erwähnung verdient die seit kurzem in Hessen geänderte Ausgestaltung des Übertrittverfahrens. Nachdem dort zuletzt bei Differenzen zwischen Elternwillen und Eignungsempfehlung die Aufnahme des Schülers in die gewünschte Schulart vom erfolgreichen Besuch eines mehrtägigen Probeunterrichts abhing[64], hat die jetzige Regierungskoalition die Probewoche beim Übergang nach dem Besuch der Grundschule[65] vollständig abgeschafft und die Entscheidung über die Schulartwahl ausschließlich in die Hände der Eltern gelegt[66]. Glaubt man den in der Presse verlautbarten Meldungen sowie den Äußerungen der Oppositionsparteien[67], so entfällt demnach — anders als bei den unter c) skizzierten Regelungen — eine Erprobungs-

---

S. 1 Zeugnis- und Versetzungsordnung — Schulordnung — für die Gymnasien im Saarland).

[63] § 29 Abs. 3 SchulG Berlin; § 4 Abs. 2, Abs. 3 Übergangs- und Überführungsverordnung Bremen; § 22 Abs. 1 i. V. m. §§ 22 bis 24 Zeugnis- und Versetzungsordnung Hamburg; § 3 Verordnung über den Wechsel der Schulform im Sekundarbereich I § 43 Abs. 4 S. 4 SchulG Niedersachsen. Danach ist der für ungeeignet befundene Schüler auf die für ihn geeignetere Schulart zu überweisen. Die Erziehungsberechtigten haben auf diese Entscheidung nur noch bedingt Einfluß. Im Saarland beispielsweise sind die Eltern vor der Entscheidung zu einer Aussprache mit dem Klassenleiter zu laden; sie haben ein Anhörungsrecht, ohne daß ihr Einverständnis, wie noch bei § 14 Abs. 4 S. 1, erforderlich wäre (§ 14 Abs. 6 Zeugnis- und Versetzungsordnung — Schulordnung — für die Gymnasien); siehe auch § 8 Abs. 4, Abs. 5 Landesverordnung über die Orientierungsstufe Schleswig-Holstein.

[64] § 5a Abs. 2 SchulVG v. 28.6.1961 i. d. F. v. 26.6.1990.

[65] Dagegen bleibt für die in § 5b SchulVG geregelten weiteren Übergänge innerhalb der allgemeinbildenden Schulen, insbesondere bei einem Wechselwunsch während der Jahrgangsstufen 5, 6 bzw. 7 bis 9, der Probeunterricht obligatorisch, falls die Schule den Übergang nicht befürwortet.

[66] Das Parlament hat die Änderungen des Schulverwaltungsgesetzes am 11.6.1991 gegen die Stimmen der Opposition beschlossen; siehe § 2 Nr. 1a des Gesetzes zur Einführung der freien Wahl der Bildungswege und zur vorläufigen Regelung der Übergänge nach Grundschule und Förderstufe (GVBl. I, S. 181).

[67] Vgl. etwa: Frankfurter Allgemeine Zeitung v. 12.6.1991, S. 4.

phase / Probezeit, da der Übergang des Schülers in die weiterführende Schule durch den Elternentscheid als vollzogen gilt. Korrekturen der jeweiligen Entscheidung wären dann nur noch im Rahmen der üblichen Versetzungsbestimmungen möglich. Andererseits gilt gem. § 3 der Neuregelung die Verordnung über die Übergänge innerhalb der allgemeinbildenden Schule bis zur Jahrgangsstufe 10 vom 5.5.1989 weiter, nach deren § 9 Abs. 3 die „Aufnahme des Schülers in die gewünschte Schule voraus(setzt), daß er am Ende des Schuljahres (innerhalb der aufnehmenden Schule; d. V.) versetzt wird". Die Bestimmung bezieht sich auf Abs. 1 und 2 derselben Vorschrift, wonach die jeweiligen Schulleiter die Eltern und die abgebende Schule über die Aufnahme des Schülers schriftlich unterrichten bzw. sich bei Kapazitätsübersteigungen infolge zu hoher Anmeldezahlen untereinander abstimmen. Somit stellt sich die Frage, ob § 9 Abs. 3 lediglich im Kontext mit der bestimmten Einzel-, d. h. Wahlschule (deren endgültiger Besuchsmöglichkeit bzw. Aufnahme) zu lesen ist oder ob, darüber hinaus, diese Regelung die Statuierung einer Probezeit enthält, wie sie auch in den unter c) genannten Ländern üblich ist (dazu später Teil IV., 1.).

2. In den neuen Ländern

Die *neuen* Bundesländer orientieren sich bei Einrichtung und Ausgestaltung des Übertrittverfahrens im wesentlichen an den Normvorbildern aus den westlichen (Partner-)Ländern. Es bestehen jedoch insoweit Unterschiede, als einige östliche Länder nur noch ein zweigliedriges Schulsystem einführen wollen[68]. Dennoch stellen sich die bei der Normierung des Übergangsverfahrens auftretenden Probleme zwischen Elternwahl und staatlichem Bestimmungsrecht in ganz ähnlicher Weise, sei es innerhalb eines drei- oder zweigliedrigen Schulwesens. Nach jetzigem Kenntnisstand läßt sich dazu folgender grober Überblick erstellen: In allen Ländern wird das Wahlrecht positivrechtlich statuiert; die Aufnahme in die gewünschte Schulart ist lediglich von der Eignung des Schülers, seiner Begabung und Leistungsfähigkeit im Hinblick auf den angestrebten Bildungsgang abhängig. Die Wahl der weiterführenden Schulart erfolgt mit Hilfe eines schulischen Beratungsangebotes bzw. im Zusammenhang mit einer entspre-

---

[68] Siehe oben Teil I., Anm. 10.

den Schulempfehlung[69]. Weichen Schulempfehlung und Elternwunsch voneinander ab, so hat in Brandenburg, Mecklenburg-Vorpommern und Sachsen-Anhalt grundsätzlich der Elternwille Vorrang[70]. Offen ist jedoch noch zumeist, inwiefern hierbei auf Eignungs- und Befähigungskriterien Rücksicht zu nehmen ist. Für Brandenburg und Sachsen-Anhalt ist das gegenwärtig nicht ersichtlich, Mecklenburg-Vorpommern hat sich für die Einführung einer Erprobungszeit im Rahmen der Orientierungsstufe entschieden, in welcher in gemeinsamer Zusammenarbeit von Eltern und Schule die geeignete Schulart ermittelt werden soll[71]. In Sachsen überträgt § 62 Abs. 2 Nr. 5 und 6 SchulG die genauere Ausgestaltung des Übertrittverfahrens durch Verordnungsermächtigung auf den Kultusminister. Danach „kann" u. a. die Aufnahme von einer der Aufgabenstellung der Schule entsprechenden Prüfung abhängig gemacht werden. Zudem wird man § 34 Abs. 1 S. 2, der nach der Orientierungsphase im Anschluß an die Grundschule eine weitere Empfehlung durch die Schule vorsieht, so verstehen müssen, daß eben die Orientierungsstufe gleichsam als Erprobungszeit gedacht ist[72]. In Thüringen ist mittlerweile die Zweite Verordnung

---

[69] § 35 Abs. 1, Abs. 2 Erstes Schulreformgesetz (Vorschaltgesetz) Brandenburg; § 2 Abs. 2 Erstes Schulreformgesetz Mecklenburg-Vorpommern; § 34 Abs. 1, Abs. 2 SchulG Sachsen; § 6 Abs. 1 Vorläufiges Bildungsgesetz Thüringen; § 34 Abs. 1 Schulreformgesetz (Vorschaltgesetz) Sachsen-Anhalt enthält keinen Hinweis auf eine solche Schulempfehlung, andererseits weist § 28 Abs. 3 Nr. 4 der Klassenkonferenz die Beschlußkompetenz u. a. bezüglich Übergängen zu.

[70] Am deutlichsten § 2 Abs. 6 S. 2 Erstes Schulreformgesetz Mecklenburg-Vorpommern: „Weicht der Antrag der Eltern (auf Aufnahme in die jeweilige Schule gem. S. 1; d. V.) von dem Vorschlag der Schule ab, wird im Gespräch mit den Eltern eine gemeinsame Entscheidung gesucht. Bleiben die Eltern bei ihrer Auffassung, ist das Kind dem Elternwillen entsprechend einzuschulen". Sinngemäß, allerdings ohne zusätzliches Gespräch, wohl auch § 35 Abs. 2 Erstes Schulreformgesetz (Vorschaltgesetz) Brandenburg.

[71] § 2 Abs. 2 Erstes Schulreformgesetz; die Regelung ist vergleichbar mit der Rechtslage in den unter c) genannten alten Bundesländern.

[72] Die genannte Ermächtigungsnorm ist nicht unbedenklich angesichts obiger Ausführungen zum Parlamentsvorbehalt und der daraus folgenden Verpflichtung der Legislative, hinreichend bestimmte Leitlinien für die Ordnung des Zugangsverfahrens vorzugeben (vgl. oben Teil II.). Gleichwohl wird man aufgrund der besonderen Verhältnisse nach dem Beitritt der neuen Länder zur Bundesrepublik für eine angemessene Übergangszeit damit leben müssen.

III. Die Regelung des Übertrittverfahrens

zur Regelung des Übertritts an allgemeinbildende Gymnasien sowie in die Klassenstufe 11 des beruflichen Gymnasiums (ÜVO) vom 10.3.1992 in Kraft. Nach § 2 Abs. 1 Nr. 1 ist Voraussetzung für den Übertritt das Vorliegen eines positiven Halbjahreszeugnisses des laufenden Schuljahres (im einzelnen: Abs. 2) oder eine Empfehlung der Klassenkonferenz (§ 5). Fehlt es an einer der beiden Voraussetzungen und beharren die Eltern auf ihrer Bildungswahl (Gymnasium), dann sieht § 8 eine schriftliche Aufnahmeprüfung vor, die ggf. durch ein mündliches Prüfungsgespräch ergänzt werden kann (Abs. 5). Schließlich dient gem. § 11 das erste Schuljahr am Gymnasium noch als Probezeit; im Falle der Nichtversetzung entscheidet die Klassenkonferenz über eine Wiederholung der Klasse oder eine Rückversetzung an die Regelschule.

Ähnliches gilt hinsichtlich der Ermächtigungsvorschrift des § 29 Abs. 2 Nr. 1 Vorläufiges Bildungsgesetz Thüringen, wobei sich der dortige Gesetzgeber der Gesetzesvorbehaltsproblematik zumindest bewußt war, wie der Wortlaut von § 29 Abs. 1 erkennen läßt: „Der Kultusminister erläßt Rechtsverordnungen für die Übergangszeit im Rahmen der vorstehenden §§ 1 bis 28, die erforderlich sind, um (...)". Das KreisG Gera-Stadt beurteilt jedoch in seinem Beschluß v. 16.7.1991 (Leitsatz in NVwZ 1992, 92) die darauf beruhende Übertrittsverordnung vom 2.5.1991 in einigen wesentlichen Punkten für unvereinbar mit dem Gebot der Normklarheit.

IV. Überprüfung einzelner auf Landesrecht beruhender Durchführungsmodalitäten des Übergangsverfahrens anhand der verfassungsrechtlichen Vorgaben

Das Schulrecht ist im Sinne der Kulturhoheit der Länder diesen sowohl hinsichtlich der Gesetzgebungs- als auch der Verwaltungskompetenz als eigene Angelegenheit zugewiesen. Gleichwohl sind die Länder an den Vorrang des Grundgesetzes gebunden (Art. 31 GG). Im Bereich des Schulrechts sind neben Art. 7 Abs. 1 GG insbesondere die oben (Teil II.) angesprochenen Grundrechtsvorschriften zu beachten. In diesem Zusammenhang wurde gleichfalls bereits ausgeführt, daß die Bonner Verfassung kein eigenständiges Grundrecht auf Bildung enthält, so daß gem. Art. 142 GG die im jeweiligen Landesverfassungsrecht positivrechtlich verankerten Grundrechte auf freien Zugang zu allen Bildungseinrichtungen (s. o. Teil II., bei Anm. 23) in Kraft bleiben und im folgenden neben Bundesverfassungsrecht als Maßstab für einfachrechtliche Vorschriften des Schulrechts herangezogen werden müssen.

Da das Landesverfassungsrecht ebenso wie die jeweiligen Schulgesetze den Zugang zu weiterführenden Bildungsstätten vom Vorliegen entsprechender Eignungsvoraussetzungen abhängig macht, erheben sich gegen eine demgemäße Ausgestaltung der Übergangsverfahren (etwa durch Aufnahmeprüfungen oder Probeunterricht) *grundsätzlich* keine Bedenken. Die Festsetzung derartiger Zugangsvoraussetzungen stellt, soweit sie dem verfassungsrechtlichen Verhältnismäßigkeitsgebot gerecht und im Rahmen des Gesetzesvorbehalts vorgenommen wird[73], regelmäßig keinen rechtswidrigen Eingriff in die Eltern- oder Kindesrechte dar. Allerdings wäre im *Einzelfall* die konkrete Ausgestaltung wie Durchführung der Übertrittverfahren auf mögliche Rechtsfehler zu überprüfen (dazu später).

---

[73] Zu beiden Erfordernissen oben Teil II.

Schwieriger, weil schon im grundsätzlichen problematisch, ist jedoch die Frage, ob bzw. inwieweit der Staat auf die Einhaltung von Eignungsvoraussetzungen völlig verzichten darf. Dies wird als erster Problemschwerpunkt diskutiert.

1. Elternrecht — staatliche Schulhoheit: Darf der Staat die Wahl des Bildungsganges der alleinigen Entscheidung der Erziehungsberechtigten überlassen?

Die Erörterung der Frage soll im Zusammenhang mit der jüngst in Hessen in Kraft getretenen Gesetzesnovelle vorgenommen werden. Dabei mag zunächst dem Vortrag der Gegner der Neuregelung gefolgt werden, wonach die Abschaffung des Probeunterrichts zu einem völligen Verzicht der staatlichen Eignungskontrolle bzw. zu einer befähigungsunabhängigen Öffnung der höherqualifizierenden Schulen führt. Im Anschluß an die Prüfung, ob eine solche Regelung mit Bundes- und Landesverfassungsrecht vereinbar wäre, ist auf die bereits oben angeschnittenen Interpretationsvarianten von § 9 Abs. 3 der Hessischen Verordnung über die Übergänge innerhalb der allgemeinbildenden Schulen bis zur Jahrgangsstufe 10 zurückzukommen.

Auf den ersten Blick könnte man argumentieren, der Verzicht auf Eignungs- / Aufnahmeprüfungen, Probeunterricht und Probezeit sei schon deshalb rechtlich zulässig, weil der Staat damit lediglich die Ausübung ihm zustehender Hoheitsbefugnisse auf dem Gebiet des Schulorganisationsrechts nicht wahrnimmt, wodurch kein Dritter in seinen Grundrechten verletzt werde. Wenn bislang verbindliche Zugangsvoraussetzungen an weiterführende Schulen de facto obsolet werden, könnte man dies im Sinne einer Optimierung des Rechts auf Bildung (durch nunmehr freien Zugang) bzw. des Elternwahlrechts interpretieren[74]. In der Tat kommt die Übertragung des Entscheidungsmonopols im Konfliktfall auf die Personensorgeberechtigten ohne Beibehaltung eines irgendwie ersichtlichen Eignungsvorbehalts einem Rückzug des Staates aus einem Teilbereich der ihm gemäß Art. 7

---

[74] Insbesondere auf letzteren Gesichtspunkt wiesen denn auch die Befürworter der Neuregelung im Hessischen Landtag hin, siehe Frankfurter Allgemeine Zeitung v. 18.4.1991, S. 38.

1. Elternrecht — staatliche Schulhoheit: Wahl des Bildungsganges

Abs. 1 GG übertragenen Organisationspflichten gleich. Zwar hat das Landesparlament diesen Schritt gemäß der ihm im Rahmen des Schulordnungsrechts zustehenden Kompetenzmacht vollzogen, doch bleibt das Problem, ob es der Legislative — bei formell korrekter Handhabung dieser aus der Schulhoheit abzuleitenden Rechtssetzungsbefugnis — erlaubt ist, sich materiellrechtlich sozusagen des eigenen Kontroll- und Bestimmungsrechts bei der Schullaufbahnregelung zu berauben. Vereinfacht formuliert: Darf der Staat eine Regelung treffen, die der Sache nach zu einer Selbstbeschneidung seiner schulhoheitlichen Organisations- und Kontrollbefugnis führt? Grundsätzlich ist der Staat gem. Art. 7 Abs. 1 GG nicht nur berechtigt, sondern zudem verpflichtet, seine Schulaufsicht auszuüben und das Bildungswesen dementsprechend organisationsrechtlich zu strukturieren[75]. Hierbei steht ihm zwar ein gewisses Handlungsermessen zur Verfügung, das ihm Gestaltungsspielräume hinsichtlich der konkreten Ausübung des aus Art. 7 Abs. 1 GG folgenden Verfassungsauftrags zuerkennt; jedoch finden jene ihre äußerste Grenze zum einen in den Verfassungsvorgaben des Grundgesetzes selbst bzw. in den entsprechenden normprogrammatischen Rahmenbedingungen der jeweiligen Landesverfassung, zum anderen ist stets dann Vorsicht geboten, wenn dadurch die Grundrechte von Eltern und Schülern beeinträchtigt werden könnten.

Die Länderverfassungen enthalten in ihren schulrechtlichen Bestimmungen normative Zielvorgaben, die den Zugang zu weiterführenden Schulen unter den Vorbehalt von Eignung oder Befähigung des Kindes stellen[76]. Die Hessische Landesverfassung ordnet in diesem Sinne gem. Art. 59 Abs. 2 verbindlich an, daß „der Zugang zu den Mittel-, höheren und Hochschulen (...) nur von der Eignung des Schülers abhängig zu machen (ist)". § 5 Abs. 2 S. 2 SchulVG Hessen hat diese Regelung für den Bereich des Schulwesens aufgegriffen. Auf der Ebene gleichrangiger einfachrechtlicher Schulvorschriften scheinen sich § 2 Nr. 1 a des Gesetzes zur Einführung der freien Wahl der Bildungswege und zur vorläufigen Regelung der Übergänge nach Grundschule und Förderstufe — Vorrang des Elternwillens bei negativer Grundschulempfehlung — einerseits und § 5 Abs. 2 S. 2 SchulVG

---

[75] Vgl. nur BVerfGE 34, 181, 182 und die obigen Ausführungen zum Gesetzesvorbehalt im Schulrecht, Teil II.
[76] Siehe im einzelnen oben Teil II., bei Anm. 23.

Hessen — Eignung als Voraussetzung für den Besuch weiterführender Schulen — andererseits zu widersprechen. Möglicherweise könnte man daran denken, die in der Gesetzesnovelle (dort § 2 Nr. 1 a) vollzogene Abschaffung des Probeunterrichts, welche insoweit § 5 a SchulVG modifiziert, als speziellere Bestimmung anzusehen, die § 5 Abs. 2 S. 2 SchulVG verdrängt. Demnach werden zwar nicht der in § 5 a geregelte Übergang des Schülers an eine weiterführende Schule, jedoch der Verbleib auf ihr und damit der weitere Besuch gem. § 5 SchulVG davon abhängig gemacht, daß der Schüler tatsächlich geeignet ist[77]. Gemäß dem Interpretationsgrundsatz der Einheit der Rechtsordnung, genauer: der gesetzeskonformen Verwendungsweise einander vergleichbarer Rechtsbegriffe innerhalb derselben Regelungsmaterie, würde insofern die im Novellierungsgesetz enthaltene Normprogrammatik auch auf entsprechende ältere Rechtsnormen einwirken und deren Auslegung beeinflussen. Dieser Gedankengang mag im Rahmen eines einheitlichen Gesetzeswerkes bereits manche Einwände hervorrufen, wird aber bei Hinzuziehung ranghöheren Verfassungsrechts um so problematischer. Die Abschaffung des Probeunterrichts, die im Wege einer Änderung einfachrechtlicher Vorschriften erfolgte, ist nämlich als niederrangigeres Recht an der Landesverfassung zu messen, insbesondere ist nach ihrer Vereinbarkeit mit Art. 59 Abs. 2 zu fragen. Ohne vorschnell Bedenken nachzugeben, müßte man zunächst den Versuch einer verfassungskonformen Interpretation der Neuregelung unternehmen. In diesem Sinne könnte man etwa argumentieren, der Normtextbestandteil „nur" in Art. 59 Abs. 2 Landesverfassung stelle es dem Schulgesetzgeber frei, ob er von seinem Recht zur Aufstellung von Eignungsprüfungen bzw. Zugangsvoraussetzungen Gebrauch machen will oder nicht. Demnach sei er zwar berechtigt, den Übertritt in eine andere Schulart vom Nachweis einer derartigen Bestätigung abhängig zu machen; jedoch könne er ebenso gut davon absehen. Die Einschränkung „nur" deute insoweit auf einen Gestaltungsspielraum des Gesetzgebers hin; falls der Verfassungsgeber näm-

---

[77] Vgl. Hessischer Staatsgerichtshof, Urt. v. 11.2.1987, SPE NF 260 Nr. 17, S. 27, der für eine ähnliche Normenkollision im Rahmen der Hessischen Förderstufenregelung davon ausgeht, im damals zu überprüfenden Fall könne sich „die Voraussetzung der Eignung während des Besuchs einer weiterführenden Schule als Korrektiv einer objektiv möglicherweise fehlerhaften Auswahlentscheidung der Eltern" einstellen.

1. Elternrecht — staatliche Schulhoheit: Wahl des Bildungsganges

lich den Übergang zu weiterführenden Schulen zwingend an das Vorliegen jeweiliger Befähigungen hätte knüpfen wollen, hätte er den Normtext des Art. 59 Abs. 2 Landesverfassung ohne den Zusatz „nur" beispielsweise wie folgt formulieren müssen: „Der Zugang (...) ist von der Eignung des Schülers abhängig zu machen".

Gegen ein solches Verständnis von Art. 59 Abs. 2 Landesverfassung — bzw. der entsprechenden Bestimmungen in den Verfassungen der übrigen Länder — sprechen jedoch vielfältige Gründe, wie eine Auslegung der Vorschrift zu zeigen vermag.

Die *grammatische Interpretation* setzt zunächst am Ausdruck „Zugang" an. Damit ist der Übergang, die Aufnahme in eine weiterführende Schulart, in Abgrenzung zum „Verbleib" auf, der „Versetzung" innerhalb oder dem „Abschluß" einer entsprechenden Schule gemeint, so daß die Auffassung, die Abschaffung des Probeunterrichts zöge keinen Verzicht auf Eignungsmaßstäbe nach sich, da „Korrekturen der Entscheidung durch die bestehenden Versetzungsregelungen möglich" seien[78], einen anderen, vom Wortlaut des Art. 59 Abs. 2 Landesverfassung abweichenden Rechtsbereich tangiert und damit normativ nicht relevant im Sinne dieser Bestimmung ist[79]. Somit wäre allenfalls durch die Einführung einer Probezeit die zeitliche Dehnung des Übergangsverfahrens möglich; selbst wenn einige Bundesländer (siehe oben 3., 1. c) Aufnahmeprüfungen wie Probeunterricht abgeschafft haben, kommt dies dann jedenfalls nicht einem völligen Verzicht von Eignungsvoraussetzungen gleich, da der „Zugang" im Einzelfall immer erst nach Ablauf der Probezeit abgeschlossen ist. Innerhalb der Probezeit soll die Eignung und Befähigung des Schülers gerade festgestellt werden; erst nach deren Nachweis gilt das Zugangsverfahren

---

[78] So die Argumentation von Kultusminister Holzapfel, zitiert nach: Frankfurter Allgemeine Zeitung v. 18.4.1991, S. 38.

[79] Daß Zugangs- bzw. Versetzungsvorschriften auf unterschiedliche Sach- und Regelungsbereiche referieren, wird i. ü. auch aus deren systematischen Trennung innerhalb des Hessischen Schulverwaltungsgesetzes deutlich; §§ 5a bis d befassen sich mit Übergangsfragen, während §§ 52 ff. die Leistungsbewertung, Zeugnisse und Versetzungen im Rahmen eines bereits bestehenden Schulverhältnisses, in das man nur nach Erbringung des Eignungsnachweises eintreten kann, behandeln. Vgl. ferner die entsprechende Differenzierung in den Schulordnungen der Volks-, Realschulen und Gymnasien für Hessen wie auch für die übrigen Bundesländer.

formell als beendet. Eine solche Deutung des in den o. g. Ländern jeweils praktizierten Übergangsverfahrens läßt sich mithin zumindest pauschal, d. h. ohne genauere Überprüfung der landesrechtlichen Eigenheiten, als mit den entsprechenden verfassungsrechtlichen Vorgaben vereinbar bezeichnen. Zwar spielen während der Probezeit die Versetzungskriterien durchwegs eine wichtige Rolle, indem nämlich u. a. mit ihrer Zuhilfenahme die Eignung und Befähigung des Schülers festgestellt werden kann, doch ist zu beachten, daß zwischen der Aufnahme in eine weiterführende (höhere Qualifikation vermittelnde) Schule einerseits und der Versetzung innerhalb derselben Institution andererseits ein qualitativer Unterschied besteht. Beide Maßnahmen dürfen nicht miteinander verwechselt werden, insbesondere darf die Zugangsproblematik nicht auf die Frage einer Versetzungsmöglichkeit reduziert werden. Die Ausdrücke „Eignung" („Befähigung") bzw. „Versetzung" sind unbestimmte Rechtsbegriffe, deren unterschiedlicher normativer Gehalt rechtspraktische Auswirkungen erzeugt. Bei der Eignung zum Besuch einer weiterführenden Schule handelt es sich primär um eine Prognoseentscheidung, die sich zum Teil auf zurückliegende Leistungsbewertungen, zum Teil auf die Berücksichtigung der künftigen Anforderungen des gewählten Bildungsganges[80], im Zweifelsfall zusätzlich auf das Erbringen eines Eignungsnachweises (z. B. Aufnahmeprüfung oder Probeunterricht) stützt. Dagegen reicht für die positive Versetzungsentscheidung regelmäßig schon das erfolgreiche Absolvieren des abgelaufenen Schuljahres aus, was grundsätzlich ohne Prognoseurteil das schulartbezogene Aufrücken in die nächsthöhere Klassenstufe rechtfertigt[81]. Aus der Eigenart solcher für den Übergang an eine weiterführende Schulart typischen Prognosebeurteilungen, die (im Vergleich zu Versetzungsentscheidun-

---

[80] Vgl. etwa § 5a Abs. 1 SchulVG Hessen.

[81] Ausnahmsweise erlaubt § 54 Abs. 2 Nr. 2 SchulVG Hessen bei nicht (ausreichend) erbrachten Leistungen eine Prognoseentscheidung, nämlich die Versetzung, falls die erfolgreiche Teilnahme am Unterricht „unter Berücksichtigung seiner (des Schülers; d. V.) Lernentwicklung zu erwarten ist". Lediglich im Rahmen von § 5a Abs. 2 S. 1 SchulVG Hessen werden die Begriffe „Eignung" und „Versetzung" normprogrammatisch gleichbedeutend verwandt; danach ist „die Eignung für den Besuch der Hauptschule (...) gegeben, wenn die Versetzung in die Klasse 5 erfolgen kann" — der Schüler wechselt in diesem Fall eben nicht auf eine höhere Qualifikationsanforderungen voraussetzende Schule.

1. Elternrecht — staatliche Schulhoheit: Wahl des Bildungsganges

gen) mit relativ hohen Unsicherheitsfaktoren belastet sind, folgt das Erfordernis der Einrichtung eines Übertrittverfahrens, dessen Maßnahmen weitestgehend nachvollziehbar sein müssen, um so einen Mindestschutz der Rechtsinteressen der davon Betroffenen zu gewährleisten. Die grammatische Auslegung des Art. 59 Abs. 2 Landesverfassung Hessen zeigt in diesem Kontext, daß diese Bestimmung die verfassungsrechtliche Grundnorm für die einfachrechtlich vorgenommene Organisierung und Ausgestaltung von Eignungsverfahren bildet, wobei der Zugang vom Nachweis der Befähigung des Schülers abhängig gemacht werden darf. Welcher Stellenwert dabei dem einschränkenden „nur" zukommt, kann noch nicht abschließend im Wege einer isolierten Wortlautinterpretation, sondern erst unter Zuhilfenahme *genetischer und grammatisch-systematischer* Aspekte ermittelt werden.

Mit Art. 59 Abs. 2 Landesverfassung hatte der Verfassungsgeber beabsichtigt, Kriterien, die nicht auf persönliche Eigenschaften des Kindes abheben, als normativ irrelevant für die Frage des Zugangs an weiterführende Schulen auszuschließen. Insbesondere sollten und sollen gesellschaftliche, wirtschaftliche oder politische Verhältnisse hierbei keine Rolle spielen[82]. Dieser aus der Entstehungsgeschichte der Vorschrift gewonnene Gesichtspunkt wird zudem im systematischen Vergleich mit den Parallelnormen der anderen Landesverfassungen bestätigt, wobei Bayern (Art. 132) und Nordrhein-Westfalen (Art. 10 Abs. 1) „die wirtschaftliche (Lage) und gesellschaftliche Stellung der Eltern" explizit für nicht maßgeblich erklären. Die „nur"-Bestimmung in Art. 59 Abs. 2 Landesverfassung Hessen ist in diesem Kontext als starke Abwehrvorrichtung gegen alle Versuche zu verstehen, andere als Begabungs- und Eignungsmerkmale zur Zugangsvoraussetzung zu machen; „nur" kann mithin als „alleinentscheidend" gelesen werden, mit Betonung auf „allein" („lediglich", „ausschließlich") *und* „entscheidend". Denn es gilt in diesem Fall ein modifizierter Umkehrschluß: Wenn der Verfassungsgeber alle neben Eignung und Befähigung noch denkbaren Gesichtspunkte für sachlich irrelevant und damit unzulässig im Sinne einer Zugangsbeschränkung hält, so muß umgekehrt der einzig mögliche, im Verfassungstext ausdrücklich aufgenommene Eignungsaspekt jedenfalls einfachrechtlich respektiert werden[83]. Für dieses Verständnis spricht die Vermutung hinsichtlich

---

[82] Zinn / Stein, Verfassung des Landes Hessen, Art. 59 Erl. 9.

eines disziplinierten, sachlich reflektierten, keinesfalls aber leichtfertigen Sprachgebrauchs des Verfassungsgebers, der, bei grundsätzlich freier Bildungswahl, im Verfassungstext explizit aufgenommene Einschränkungsbestimmungen als rechtsverbindliche Ausnahmeregelungen zur konkretisierenden Ausgestaltung der Zugangsvoraussetzungen beachtet wissen will; diese sollen, ein Gebot der Rechtssicherheit wie Allgemeinverbindlichkeit der Verfassung, eben nicht in das Belieben des einfachen Gesetzgebers gestellt werden. Das zeigt auch ein erneuter Rückgriff auf das grammatische Auslegungselement in Verbindung mit normintern-systematischen Aspekten des Art. 59 Abs. 2 Landesverfassung. Dort wird der Zugang zu weiterführenden Schulen *und* Hochschulen geregelt. Anerkanntermaßen hängt die Eignung für den Besuch einer Hochschule vom Vorliegen eines entsprechenden Befähigungsnachweises — in der Regel der allgemeinen Hochschulreife — ab. Bestrebungen, die Eignungsvoraussetzung zum Studium nicht mehr (allein) von diesem oder einem vergleichbaren Nachweis, sondern statt dessen nur noch von einer Bewährung[84] während des Be-

---

[83] Der Hessische Staatsgerichtshof, Beschl. v. 12.11.1985, Staatsanzeiger 1986, S. 45, konnte die Frage, ob Art. 59 Abs. 2 Landesverfassung den Zugang zu weiterführenden Schulen von der Eignung als zwingender Voraussetzung abhängig machen will oder ob die Vorschrift so zu verstehen ist, daß — wenn überhaupt — eine Voraussetzung aufgestellt wird, allein Eignungsaspekte, nicht aber sonstige Umstände und Kriterien in Betracht kommen dürfen, offenlassen, da sie nicht entscheidungsrelevant war. Grundsätzlich ebenso ungeklärt blieb die Frage in Hessischer Staatsgerichtshof, Urt. v. 11.2.1987, SPE NF 260, Nr. 17, S. 27, obgleich das Gericht apodiktisch erwähnt, aus der „verfassungsrechtlich für unbedenklich gehaltenen Möglichkeit, eine Zugangsvoraussetzung aufzustellen, kann aber nicht gleichsam im Umkehrschluß gefolgert werden, der Staatsgerichtshof (in o. g. Beschluß; d. V.) habe aus Art. 59 Abs. 2 Landesverfassung eine solche Pflicht des Gesetzgebers hergeleitet". Es ist wohl wahr, daß dies der Staatsgerichtshof nicht getan hat und daß das „nicht gleichsam", also ohne weitere Begründung im Sinne eines argumentum e contrario möglich ist. Jedoch läßt sich ein solcher Umkehrschluß im Rahmen der grammatischen, systematischen, historischen und — wie noch zu zeigen sein wird — teleologischen Auslegung von Art. 59 Abs. 2 Landesverfassung besser aufrechterhalten als die nicht näher problematisierte Einräumung einer den Verfassungstext an dieser Stelle zur Seite schiebenden Gestaltungsfreiheit des Schulgesetzgebers.

[84] Zur Erinnerung: Die Probezeit während des Übergangsverfahrens in den oben (III., 1. c) genannten Ländern stellt in diesem Kontext keine Bewährungszeit *nach* der Aufnahme in die Schule dar. Vielmehr ist der erfolgreiche

1. Elternrecht — staatliche Schulhoheit: Wahl des Bildungsganges 41

suchs der Hochschule abhängig zu machen, um dann etwa die Nichtabsolvierung von einschlägigen Scheinen und Zwischenprüfungen als Korrektiv einer ursprünglich fehlerhaften Bildungswahlentscheidung anzusehen, konnten sich bislang nicht durchsetzen. Aus der Normstruktur von Art. 59 Abs. 2 Landesverfassung ist nicht ersichtlich, daß das Eignungskriterium bei allgemeinbildenden Schulen einerseits bzw. Hochschulen andererseits unterschiedlich ernst genommen werden soll oder gar in Teilbereichen des Normprogramms gleichsam entfallen kann. Natürlich sind die Eignungsvoraussetzungen dem angestrebten Bildungsgang entsprechend hoch oder weniger streng anzusetzen. Wer jedoch die Erbringung des Eignungsnachweises innerhalb des von Art. 59 Abs. 2 Landesverfassung umfaßten Teilbereichs allgemeinbildender Schulen für entbehrlich hält, ohne gleichzeitig auf den Nachweis von Zugangsvoraussetzungen im anderen Teilbereich Hochschule verzichten zu wollen, trägt für die unterschiedliche Behandlung dieser beiden Sachverhaltskonstellationen bei einheitlicher Regelung in Art. 59 Abs. 2 Landesverfassung die Beweislast.

In vorliegendem Zusammenhang ist ferner immer wieder das Argument zu hören, Eignungsprüfungen, insbesondere im Rahmen eines kurzen Probeunterrichts, besäßen eine nur relative Aussagekraft über die Befähigung des Schülers zum Besuch einer weiterführenden Schule; die Schulwirklichkeit zeige oftmals die Ungeeignetheit derartiger Maßnahmen, eine sichere Prognose zu erstellen[85]. Es kann hier nicht auf die empirische Haltbarkeit solcher Aussagen eingegangen werden[86]; selbst wenn man aber davon ausgehen wollte, derartige Be-

---

Ablauf der Probephase Voraussetzung dafür, daß der endgültige Zugang erfolgen kann. Das Aufnahmeverfahren wird erst danach abgeschlossen. Der Unterschied zwischen dem Zugang zur Hochschule bzw. an eine weiterführende allgemeinbildende Schule besteht also nicht in der unterschiedlich hohen normativen Verbindlichkeit des Eignungsnachweises als Zugangsvoraussetzung, sondern lediglich in der rechtstechnischen Ausgestaltung der jeweiligen Verfahren, wie bzw. wann jener Nachweis als erbracht gilt.

[85] Siehe die entsprechenden Äußerungen des Hessischen Kultusministers im Gesetzgebungsverfahren zur Abschaffung des Probeunterrichts bei Anm. 78.

[86] Abgesehen davon vermerkt Hess, Kommentierte hessische Schulgesetze, Stand März 1991, § 5 Rz. 6 zutreffend, daß „Unsicherheiten, die jeder Prognose anhaften, ob Schulen oder Eltern die Entscheidung treffen, nicht dazu (führen) dürfen, daß dieses Auswahlsystem völlig ungeeignet ist". Vgl. insge-

hauptungen seien verifizierbar, so bleibt doch die Frage, welche *rechtlichen* Schlüsse eine solche Berufung auf entsprechende Entwicklungen im Real- oder Sachbereich einer Vorschrift zu ziehen erlaubt. Wie ausgeführt, machen die Landesverfassungen den Zugang zu höheren Schularten von der Eignung des Schülers abhängig; aus den jeweiligen Verfassungsvorschriften ist der Schulgesetzgeber legitimiert und verpflichtet, Verfahren zur Eignungsfeststellung zu beschließen, wobei prima facie nicht das „Ob", sondern allein das „Wie" der Ermessensentscheidung der Legislative überantwortet wird. Rechtsdogmatisch betrachtet, könnte man daran denken, die Normativität des Landesverfassungsrechts — soweit dieses den Nachweis von Eignungskriterien vorsieht — aufgrund eines Normbereichswandels anzuzweifeln oder außer Kraft zu setzen. Wegen (völliger) Veränderung der Verhältnisse im Realbereich „Schule / unbefriedigende, ineffektive Durchführung von Übertrittverfahren" müßte danach ein stiller, d. h. nicht durch eine Normtextänderung im formellen Verfassungsgesetzgebungsverfahren bewirkter Bedeutungs- oder Normwandel der einschlägigen Verfassungsregelung stattgefunden haben, der beispielsweise den in Art. 59 Abs. 2 Landesverfassung geforderten Eignungsnachweis für obsolet erscheinen lassen könnte. Soweit möchten natürlich auch die Befürworter der Abschaffung des Probeunterrichts nicht gehen; ganz im Gegenteil verstehen sie die jetzige Novellierung als einfachrechtliche Konkretisierung des in Art. 59 Abs. 2 Landesverfassung genannten Eignungsaspekts. Nicht die Eignung als solche soll als Zugangskriterium negiert werden, sondern lediglich ein als unbrauchbar angesehenes Verfahren zu deren Feststellung. Fraglich ist, welches andere Verfahren an die Stelle des Probeunterrichts tritt. Dazu später. Konsens müßte zunächst — ohne daß man hier die rechtsdogmatischen Probleme eines Verfassungs-, Norm- bzw. Bedeutungswandels im einzelnen behandeln muß[87] — darüber zu erzielen sein, daß ein durch faktische Veränderungen und Entwicklungen im Normbereich einer Vorschrift bewirkter Bedeutungswandel jedenfalls das Bin-

---

samt zur Problematik solcher Prognoseentscheidungen Avenarius, Anwendung diagnostischer Testverfahren in der Schule: Ein Rechtsgutachten, 1990.

[87] Aus der reichhaltigen Literatur seien nur genannt: Fiedler, Sozialer Wandel, Verfassungswandel, Rechtsprechung, 1972, S. 50 ff.; Hesse, Grenzen der Verfassungswandlung, in: Ehmke u. a. (Hrsg.), Festschrift für Ulrich Scheuner, 1973, S. 123 ff., 128 ff. oder Bryde, Verfassungsentwicklung, 1982, S. 254 ff.

1. Elternrecht — staatliche Schulhoheit: Wahl des Bildungsganges

dungsgebot des einfachrechtlichen Schulgesetzgebers an das höherrangige Verfassungsrecht und dessen normatives Regelungsprogramm (herkömmlich: Wortlautgrenze) nicht relativieren darf. Ein wie auch immer gearteter Bedeutungswandel kann nie die Vorschrift selbst außer Kraft setzen; vielmehr vermag er ausschließlich die *Auslegung* der Norm zu beeinflussen[88]. Bei deren Interpretation und darauf beruhender einfachrechtlicher Umsetzung ist schließlich zwischen einer normprogrammgemäßen, die Wortlautgrenze und andere Auslegungshilfsmittel respektierenden Konkretisierung einerseits und einer unzulässigen Rechtsanwendung contra constitutionem andererseits zu unterscheiden. Zu ersterer wurde oben unter Berücksichtigung grammatischer, historisch-genetischer sowie systematischer Teilaspekte bereits einiges Material zusammengetragen, das im Falle einer negativen Grundschulempfehlung gegen das elterliche Entscheidungsmonopol bei gleichzeitig vollständiger Abschaffung des Eignungsverfahrens sprach.

Hinzu kommt ein weiterer, anläßlich der Frage nach Sinn und Zweck von Eignungsvoraussetzungen, zu beachtender Gesichtspunkt (sog. *teleologische Auslegung*). Zu Beginn dieses Abschnitts wurde überlegt, ob der Verzicht auf jedwede Eignungsprüfung schon deswegen unproblematisch sein könnte, weil dadurch der Staat lediglich einen (prinzipiell zulässigen) Eingriff in Grundrechtsbereiche von Eltern und Kindern unterläßt. Dieser Gedanke soll hier nun wieder aufgegriffen und weiterverfolgt werden. Qualifiziert man nämlich Eignungsbeurteilungen innerhalb des Übertrittverfahrens, sogar unabhängig davon, ob sie unmittelbar rechtliche Folgen nach sich ziehen oder nicht[89], als Grundrechtseingriffe im Hinblick auf Art. 6 Abs. 2 GG (Eltern) bzw. Art. 2 Abs. 1 GG (Schüler)[90], dann rechtfertigen sich solche Eingriffe in die Rechtssphäre von Eltern und Schülern nicht allein aus der gemäß Art. 7 Abs. 1 GG eingeräumten staatlichen Schul-

---

[88] Hesse (Anm. 103), S. 133 ff., 87 ff.

[89] So VGH Kassel, NVwZ 1988, 949 ff., 950 f.; dazu Richter (Anm. 32), S. 36.

[90] Auch Art. 12 Abs. 1 GG ist relevant, wie etwa der Beschluß des VGH Mannheim, NVwZ — RR 1990, 246 ff. zeigt. Auf die in Rspr. und Schrifttum schon lange anerkannte Forderung nach einer gesetzlichen Grundlage von Leistungs- und Eignungsbeurteilungen bei Versetzungs-, Prüfungs- und Übertrittsentscheidungen wurde oben bei Anm. 39 ff. bereits aufmerksam gemacht.

hoheit in Verbindung mit den landesverfassungsrechtlichen Regelungen. Diese Bestimmungen übertragen die Aufsicht über das Schulwesen auf den Staat nicht um seiner selbst willen, sie erschöpfen sich nicht in einer bloß kompetenzrechtlichen Rechtssetzungsbefugnis zur Organisierung, Leitung und Beaufsichtigung des Schulbetriebs, sondern enthalten — in systematischer Zusammenschau mit den Sozial- und Grundrechten der am Schulleben Beteiligten sowie dem Rechtsstaatsgebot — zusätzlich materiellrechtliche Zielvorgaben, welche die inhaltliche Ausgestaltung des Bildungswesens beeinflussen[91]. Der Staat handelt in diesem Sinne bei der rechtlichen Organisierung des Übertrittverfahrens nicht nur aufgrund der Legitimationsnorm des Art. 7 Abs. 1 GG bzw. des jeweiligen Landesrechts, aus denen er die formelle Kompetenz hierfür ableitet, sondern er nimmt dabei, zumindest vermittelt, gleichfalls die inhaltlichen Interessen von Eltern und Kindern wahr; negativ formuliert: seine organisationsrechtliche Gestaltungsfreiheit findet in diesem Bereich ihre Grenze an den individuellen Grundrechten und objektiven Gewährleistungen des Schulwesens. Bezogen auf das Übertrittverfahren soll die Erbringung hinreichender Eignungsvoraussetzungen gesamtgesellschaftlich die Funktionsfähigkeit des im Einzelfall wie auch immer gegliederten Schulwesens sichern, indem ein Mindestmaß an Niveau gehalten wird und die jeweiligen Abschlußqualifikationen ihren Aussagewert auch künftig behalten. Die hier nur grob skizzierte und ergänzungsbedürftige Zielsetzung von Eignungsprüfungen/Zugangsvoraussetzungen im Übergangsverfahren beinhaltet gleichfalls eine individuelle Komponente; der damit gesamtgesellschaftlich verfolgte Zweck impliziert auch subjektivrechtlich schützenswerte Rechtspositionen, die erst den im Einzelfall zu beobachtenden Eingriff in Eltern- und Kindesrechte als vertretbar erscheinen lassen. Was anfangs in den Kategorien des Eingriffsabwehrtatbestands beschrieben wurde — die das Elternrecht auf freie Bildungswahl bzw. das Entfaltungsrecht des Schülers tangierenden Zugangsvoraussetzungen dürfen diese Grundrechte nicht unverhältnismäßig einschränken —, erfährt nunmehr eine schutzpflichtrechtliche Dimensionserweiterung[92]. Das in Ausübung der Schulho-

---

[91] Dazu im einzelnen Richter (Anm. 19), Rz. 18 ff.

[92] Allgemein zur Einführung wie Weiterentwicklung der Problematik: E. Klein, Grundrechtliche Schutzpflicht des Staates, in: NJW 1989, 1633 ff. mit zahlreichen Nachweisen auf Rspr. und Schrifttum.

1. Elternrecht — staatliche Schulhoheit: Wahl des Bildungsganges 45

heit wahrgenommene *Recht* des Staates, die Voraussetzungen für den Zugang zu weiterführenden Schulen, den Übergang von einem Bildungsweg zum anderen zu bestimmen, enthält mithin die *Pflicht*, dafür Sorge zu tragen, daß Begabung und Interesse der Schüler sich gem. Art. 2 Abs. 1 GG, unter den gegebenen Umständen, optimal entfalten können. Aus diesem Grunde darf und muß der Zugang zu öffentlichen Schulen versagt werden, wenn dadurch die Rechte anderer beeinträchtigt würden, konkret ausgedrückt, wenn das Kind „mit an Sicherheit grenzender Wahrscheinlichkeit seine Mitschüler empfindlich hemmen würde"[93]. Das Entfaltungsrecht steht demnach unter dem Vorbehalt der Entfaltungsrechte der jeweils anderen, „weshalb ein 'Anspruch' auf Benutzung öffentlicher Bildungseinrichtungen (...) dem einzelnen nur nach Maßgabe seiner individuellen Anlagen zuerkannt werden (kann)"[94]. Der Staat ist zwar aus dem Sozialstaatsprinzip gehalten, in das Selbstentfaltungsrecht der weiterentwickelten Schüler so weit einzugreifen, „wie dadurch erst auch die förderungsbedürftigen Kinder die Chance erhalten, sich entsprechend ihren Möglichkeiten zu entfalten"[95], woraus beispielsweise Bedenken gegen eine zu frühe Aufgabe des gemeinsamen Unterrichts aller Schüler abgeleitet werden könnten. Andererseits findet die gleiche Förderung aller Schüler dort ihre Grenze, wo schneller lernende, pauschal: begabtere Schüler ihrerseits in ihrem Entfaltungsrecht beeinträchtigt werden, weil etwa der Zugang zu höhere Qualifikationen und Anforderungen vermittelnden bzw. stellenden Schulen undifferenziert geöffnet und in Zweifelsfällen ohne Eignungsnachweis (Aufnahmeprüfung / Probeunterricht / Probezeit) ermöglicht wird[96]. Die Schutzpflicht des Staates gebietet insofern eine

---

[93] So schon BVerwG, Urt. v. 29.6.1957 SPE NF S. II B I / 1.; ebenso Fuß, Verwaltung und Schule, in: VVDStRL 23 (1964), 199 ff., 203 m. w. N. Beispielhaft etwa auch die Regelung in § 24 SchulG Bremen: Absatz 1 gewährt jedem Schüler einen seiner Begabung und Fähigkeiten entsprechenden Bildungsanspruch; daran setzt Absatz 3 an: „Das Recht nach Absatz 1 kann nach Maßgabe dieses oder eines anderen Gesetzes nur eingeschränkt werden, wenn durch die Aufnahme des Schülers oder sein Verbleiben in der Schule die Erziehung und Unterrichtung der Mitschüler erheblich behindert wird".

[94] Fuß (Anm. 93), S. 204

[95] Schlie, Elterliches Erziehungsrecht und staatliche Schulaufsicht im Grundgesetz, 1986, S. 98.

[96] Vgl. Schlie (Anm. 95), S. 99: „Es bedeutete einen Eingriff in die höchsten Verfassungswerte der Artikel 2 Absatz 1 und Artikel 1 Absatz 1 GG,

sachlich begründete Differenzierung der Schüler, wie sie in den Landesverfassungen mit den Begriffen „Eignung" und „Befähigung" umschrieben wird. Diese stellt im übrigen keine Verletzung des Gleichheitssatzes dar, sondern ist vielmehr geradezu Ausdruck des Grundsatzes, ungleiche Gegebenheiten und Sachdaten rechtlich nicht gleich zu behandeln[97]. Aus der Schutzpflicht, die Persönlichkeitsentfaltung des Kindes innerhalb des Schulbetriebs weitestgehend zu gewährleisten[98], stellt sich die Frage, welche Maßnahmen der Staat im Rahmen seiner schulhoheitlichen Befugnisse ergreifen muß, um diesem materiellrechtlichen Verfassungsauftrag zu genügen. Angesprochen ist insofern die verfahrensrechtliche Seite der Problematik. Es besteht mittlerweile Übereinstimmung darüber, daß Grundrechte über den jeweiligen materialen Freiheitsgehalt hinaus im Einzelfall auch verfahrensrechtliche Komponenten enthalten, die auf das bestehende Organisations- und Verfahrensrecht ausstrahlen, um zu bewirken, daß subjektive verfassungsbewährte Rechtspositionen „ihre Funktionen in der sozialen Wirklichkeit erfüllen" können[99]. Übertragen auf die vorliegende Problematik heißt das, daß die aus der Schulhoheit abgeleitete staatliche Organisationsgewalt zur Regelung der Voraussetzungen des Übertrittverfahrens so wahrgenommen werden muß, daß die davon Betroffenen in ihren Entfaltungsrechten nicht mehr als verhältnismäßig eingeschränkt bzw. daß sie im Sinne des Schutzpflichtauftrages gefördert werden. Aus der erörterten Grundrechtsrelevanz dieser organisationsrechtlichen Befugnis ergibt sich die Pflicht zu einer differen-

---

wenn die Schule die natürliche geistige Entwicklung einiger Kinder behinderte, um damit alle Schüler möglichst lange auf demselben Entwicklungsstand zu halten".

[97] Dazu Schlie (Anm. 95), S. 99 mit Verweis auf Dürig, in: Maunz/Dürig/Herzog, Grundgesetz-Kommentar, Art. 2 Rz. 2 und Ossenbühl (Anm. 25), S. 129. Ferner auch Richter (Anm. 19), Rz. 42: „Es gibt (...) keinen Anspruch darauf, daß allen Kindern in allen Schulstufen und Schularten alle Chancen offengehalten werden".

[98] Offen mag hier bleiben, ob der staatliche Handlungsauftrag nicht allein den Schutz vor Unterforderung, sondern ebenso vor Überforderung und daraus folgenden Schäden der Persönlichkeitsentwicklung bei Schülern umfaßt.

[99] Grundlegend BVerfGE 53, 30, 65 ff., 71 (Mülheim-Kärlich) und st. Rspr.; siehe etwa E 56, 216, 236; 65, 76, 94; 69, 315, 355 ff.; aus dem Schrifttum z. B.: Hesse, Stand und Bedeutung der Grundrechte in der Bundesrepublik Deutschland, in: EuGRZ 1978, 427 ff., 437 m. w. N.

1. Elternrecht — staatliche Schulhoheit: Wahl des Bildungsganges 47

zierten Lösung der Zugangsfragen. Wie diese vom Landesgesetzgeber in concreto ausgestaltet wird, bleibt ihm unter Beachtung des legislativen Gestaltungsspielraumes überlassen. Jedoch ist es ihm untersagt, sich seiner Verantwortung gleichsam zu entziehen[100] und den Zugang zu weiterführenden Schulen bei negativer Grundschulempfehlung allein von der Entscheidung der Eltern abhängig zu machen. Dies würde erstens zu einem Ungleichgewicht der proportional einander zugeordneten Normbereiche von Art. 7 Abs. 1 GG einerseits und Art. 6 Abs. 2 GG andererseits führen. Zweitens wäre dadurch das grundrechtlich geschützte Entfaltungsrecht des Schülers infolge der Vernachlässigung der staatlichen Schutzpflicht — weil einfachrechtlich nicht durch verfassungsgemäße Ausgestaltung des Übertrittverfahrens wahrgenommen — über die Maßen beeinträchtigt. Ein völliger Verzicht auf Zugangsvoraussetzungen birgt entweder die Gefahr einer allgemeinen Nivellierung und, damit verbunden, eines das Entfaltungsrecht der begabteren Schüler verletzenden Niveauverlustes in sich, oder es könnte — andere Alternative — bei gleichbleibenden Leistungsanforderungen zu Überforderungssymptomen bei für die Schulart nicht geeigneten Schülern kommen, was in bezug auf Art. 2 Abs. 1 GG nicht weniger bedenklich wäre. Drittens, und das bleibt zu ergänzen, schlägt eine schrankenlos ausübbare freie Wahl der Schullaufbahn durch die Eltern tendenziell um in die Relativierung dieses Rechts. Die freie Bildungswahl der Eltern korrespondiert (wie mehrfach ausgeführt) mit dem staatlichen Bestimmungsrecht hinsichtlich der Zugangsvoraussetzungen. Letztere sollen objektivrechtlich zur Aufrechterhaltung eines nach entsprechenden Niveau- und Qualitätsanforderungen gegliederten Schulsystems beitragen. Dieses bzw. die darin zu erwartenden unterschiedlichen Abschlußqualifikationen bilden aber wiederum die Grundlage eines wirklich freien, das heißt tatsächlich zwischen unterschiedlichen Anforderungen auswählenden Elternrechts. Legislativentscheidungen, die (beabsichtigt oder nicht) zu einer Einebnung der Schullandschaft führen könnten, untergraben das Wahlrecht selbst. Parallel zu obiger Argumentation im Rahmen der Auslegung von Art. 2 Abs. 1 GG folgt aus der Verfassungsordnung ein

---

[100] Das wäre, um die Ausgangsüberlegung nochmals aufzunehmen, nur in Bereichen möglich, wo keine Grundrechtsgarantien im Spiel sind, die Ausübung staatlicher Hoheitsbefugnisse also überwiegend aus sich selbst heraus oder aus primär objektivrechtlichen Gründen geschieht.

schutzpflichtgemäßer Handlungsauftrag[101] zur Absicherung des Rechts auf freie Wahl des Bildungsganges (Art. 6 Abs. 2 GG). Dieses Recht darf nicht nur „nicht mehr als notwendig begrenzt werden"[102], sondern die Realbedingungen seiner Ausübungsmöglichkeit sind staatlicherseits im Rahmen eines Schulsystems zu gewährleisten, „das den verschiedenen Begabungsrichtungen Raum zur Entfaltung läßt"[103] und im Wege eines „sinnvoll aufeinander bezogenen Zusammenwirken(s)"[104] organisatorische Verfahren zur Verfügung stellt, innerhalb deren der von der Grundschulprognose abweichende Elternwunsch überprüft werden kann. Maßstab ist hierbei die „gemeinsame Erziehungsaufgabe von Eltern und Schule, welche die Bildung der *einen* Persönlichkeit des Kindes zum Ziel hat"[105] — ihr darf sich der Staat nicht entziehen.

Im *Ergebnis* muß mithin die in der Überschrift zu 1. gestellte Frage verneint werden. Art. 2 Abs. 2, 6 Abs. 2, 7 Abs. 1 GG und die auf Eignung und Befähigung abhebenden landesverfassungsrechtlichen Vorschriften zum freien Zugang an öffentliche Schulen — das konnte exemplarisch anhand der Auslegung von Art. 59 Abs. 2 Hessische Landesverfassung gezeigt werden — erfordern die Durchführung eines Übertrittverfahrens, in welchem in Zweifelsfällen die Eignung bzw. die Befähigung des Schülers zum Besuch der angestrebten Schulart nachgewiesen wird. Dagegen können anderslautende einfachrechtliche Vorschriften, die den Übergang in solchen Fällen ohne Aufnahmeverfahren, Probeunterricht und Probezeit in die alleinige Entscheidung der Erziehungsberechtigten stellen, verfassungsrechtlich keinen Be-

---

[101] Es handelt sich hierbei um eine objektivrechtliche Verpflichtung des Staates, der er nachzukommen hat, unbeschadet dessen, daß die davon Begünstigten nicht unbedingt ein subjektivöffentliches Recht auf Einklagbarkeit bestimmter Einzelmaßnahmen haben müssen. Obgleich der Staat objektivrechtlich verpflichtet ist, den Zugang zu den unterschiedlichen Bildungswegen vom Vorliegen jeweiliger Eignungsnachweise abhängig zu machen, folgt aus dem elterlichen Wahlrecht beispielsweise kein einklagbares subjektivöffentliches Recht auf Abwehr weniger begabter Schüler; zu Letzterem: VGH Kassel, Beschl. v. 18.5.1983, zit. nach Hess (Anm. 86), § 5b Rz. 3.
[102] BVerfGE 34, 165, 185.
[103] BVerfG, ebd., 184.
[104] BVerfG, ebd., 183.
[105] BVerfG, ebd., 183; Hervorhebung im Original.

1. Elternrecht — staatliche Schulhoheit: Wahl des Bildungsganges 49

stand haben. Die vom Hessischen Staatsgerichtshof beabsichtigte Auflösung des „Spannungsverhältnisses" zwischen dem elterlichen Wahlrecht und dem Prinzip der Eignung „im Wege der praktischen Konkordanz"[106] darf deshalb nicht die völlige Negierung einer der beiden Pole zum Ergebnis haben. Praktische Konkordanz meint die verhältnismäßige Zuordnung von Grundrechten und grundrechtsbegrenzenden Rechtsgütern. Wo Kollisionen entstehen, darf nicht eines auf Kosten des anderen realisiert werden, vielmehr sollen beide zu optimaler Wirksamkeit gelangen[107]. Das Wahlrecht der Erziehungsberechtigten ist auch insofern nur im Rahmen der Verfassungsordnung und der dort bzw. einfachrechtlich konkretisierten Zugangsvoraussetzungen zu weiterführenden Schularten gewährleistet. Man muß dem Staatsgerichtshof zustimmen, daß eine Regelung, die dem elterlichen Wahlrecht „zunächst den Vorrang einräumt", verfassungsgemäß ist. „Zunächst" heißt jedoch nicht ausschließlich, wie die Ausgestaltung des „freundlichen Miteinander" (Richter) in den Übergangsvorschriften der Länder zeigt. Den Extremfall einer noch innerhalb der verfassungsrechtlichen Vorgaben möglichen Auslegung bilden in diesem Sinne diejenigen Landesregelungen, die den Eltern zwar die Alleinkompetenz auch bei entgegenstehender Grundschulempfehlung vorbehalten, die Entscheidung über den *vollzogenen* Übergang aber vom Vorliegen entsprechender Befähigungsnachweise nach Ablauf einer Probezeit abhängig machen.

Somit stellt sich die Frage, ob die hessische Novellierung des Übergangsverfahrens eine, diesen Ländern vergleichbare Regelung enthält oder — falls nicht — gegen Verfassungsrecht verstößt. In diesem Zusammenhang ist der eingangs erwähnte § 9 Abs. 3 der Verordnung über die Übergänge innerhalb der allgemeinbildenden Schulen bis zur Jahrgangsstufe 10, der (wie gezeigt) auch weiterhin Bestand haben soll, von Interesse. Denkbar sind, und auch darauf wurde bereits hingewiesen, zwei Verständnismöglichkeiten der Bestimmung. Zum einen könnte die Vorschrift, die die Aufnahme des Schülers in die gewünschte Schule von der Versetzung am Schuljahresende (gemeint ist: des ersten Schuljahres auf der weiterführenden Schule) abhängig macht, lediglich deklaratorische Bedeutung in bezug auf das jeweils

---

[106] Urt. v. 11.2.1987, SPE NF 160, Nr. 17, S. 27.
[107] So Hesse (Anm. 34), Rz. 72, 318 und passim.

schon (durch die Elternwahl) abgeschlossene Übergangsverfahren haben; konstitutive Wirkung ginge von ihr dann nur hinsichtlich der bestimmten Wahlschule aus, auf die im Einzelfall Aufnahme begehrt wird. Für eine solche Interpretation spricht der systematische Kontext zu § 9 Abs. 1 der Verordnung; Abs. 1 befaßt sich mit derartigen Kapazitäts- und Zuweisungsproblemen und enthält diesbezügliche Abstimmungsanweisungen (daran setzt im übrigen auch Abs. 2 an). Zum anderen könnte die Regelung konstitutive Bedeutung für das Zugangsverfahren, genauer: bezüglich dessen Abschluß erzeugen, wenn sie im Sinne der Einräumung einer die freie Wahl der Eltern ergänzenden Probezeit auslegbar wäre.

Nach dem Wortlaut von § 9 Abs. 3 VO „setzt" die Aufnahme des Schülers in die gewünschte Schule den erfolgreichen Verlauf des ersten Schuljahres (in der entsprechenden Schule), welche in der Versetzungsentscheidung Ausdruck findet, „voraus". Die Versetzung am Ende des Schuljahres ist mithin conditio sine qua non für die Aufnahme, die (anders ausgedrückt) erst mit eben dieser Entscheidung vollendet wird. Zwar teilt der Leiter der aufnehmenden Schule gem. § 9 Abs. 2 VO den Erziehungsberechtigten schriftlich die Aufnahme mit, doch ist er nach § 9 Abs. 3 S. 2 VO verpflichtet, jene auf die in S. 1 enthaltene Bedingung hinzuweisen. Das deutet schon auf die Konstituierung einer Probezeit hin, die im übrigen ausschließlich in bezug auf die nähere normative Ausgestaltung des Übergangsverfahrens (dessen Ablauf) sinnvoll ist; es gibt keine Notwendigkeit dafür, die Aufnahme in die jeweils ausgesuchte Wahlschule nur vorläufig zu bestätigen oder gar mit der späteren Versetzung zu verbinden. Zudem stellt § 9 Abs. 3 VO den systematischen Bezug zu §§ 5 bis 8 der VO her: „Unbeschadet des Ergebnisses des Verfahrens" nach diesen Vorschriften setzt die Aufnahme die Versetzung voraus. Sei es, daß Elternwille und Grundschulempfehlung übereinstimmen, sei es, daß — so die vorherige Rechtslage — der Zugang erst über den Probeunterricht eröffnet wurde, oder sei es, daß die Erziehungsberechtigten — so die Neuregelung — bei anderslautender Empfehlung auf der gewünschten Schulart beharren — in allen Fällen des Übergangs gilt das Versetzungskriterium als Aufnahmevoraussetzung. Schließlich spricht auch das Prinzip der verfassungskonformen Auslegung[108] für die zuletzt

---

[108] Dazu Hesse (Anm. 34), Rz. 79 ff.

1. Elternrecht — staatliche Schulhoheit: Wahl des Bildungsganges 51

entwickelte Interpretation. Nach diesem Grundsatz ist ein Gesetz jedenfalls dann nicht verfassungswidrig, wenn es im Einklang mit der Verfassung ausgelegt werden kann[109], ohne daß gegen Wortlaut und Sinn des Gesetzes bzw. dessen gesetzgeberisches Ziel verstoßen wird. Eine verfassungskonforme Regelung des Übergangsverfahrens erlaubt zwar die Abschaffung des Probeunterrichts, jedoch nur unter der Maßgabe, daß anstelle dessen andere das staatliche Bestimmungsrecht nicht völlig außer Kraft setzende Vorkehrungen getroffen bzw. aufrechterhalten werden, auf deren rechtlicher Grundlage der Eignungsnachweis erbracht werden kann. Als eine solche Möglichkeit war die Einräumung einer Probezeit (wie in den unter III., 1. c aufgezählten Bundesländern praktiziert) genannt worden. Wortlaut, systematische Gesichtspunkte sowie Zweckmäßigkeitserwägungen machten deutlich, daß § 9 Abs. 3 der VO im Sinne einer derartigen Probephase interpretiert werden muß. Diese Vorschrift ist Teil des neugeordneten Übergangsverfahrens und wird als solche vom gesetzgeberischen Willen umfaßt. Da § 3 der Gesetzesnovelle ausdrücklich auf den Weiterbestand der die Aufnahme regelnden Verordnungsbestimmungen verweist, darf davon ausgegangen werden, daß die vorliegende verfassungskonforme Interpretation der Neuregelung nicht gegen den Willen des Gesetzgebers verstößt. Dieser war darauf gerichtet, das Recht der Eltern auf freie Wahl der Schullaufbahn zu stärken. Das Maximum dessen, was verfassungsrechtlich mit der Abschaffung des Probeunterrichts (bzw. von Aufnahmeprüfungen) zulässig ist, muß insoweit durch ein Minimum staatlicher Einwirkungsmöglichkeiten zur Durchsetzung der Eignungsvorgaben kompensiert werden. Im Ergebnis wird man einer solchen verhältnismäßigen Zuordnung gegenseitiger Rechtspositionen und Einflußsphären nur dann gerecht werden, wenn die in § 9 Abs. 3 der VO enthaltene Aufnahmevoraussetzung als verbindliche Festsetzung einer Probezeit verstanden sowie rechtspraktisch entsprechend gehandhabt wird. In diesem Sinne könnte man letztendlich ebenfalls die Äußerung von Kultusminister Holzapfel neu interpretieren, wonach die Abschaffung des Probeunterrichts keinen Verzicht auf Eignungskriterien zur Folge habe, da Korrekturen der Elternwahl „durch die bestehenden Versetzungsregelungen"[110] möglich seien. Al-

---

[109] Für Bundesverfassungsrecht: BVerfGE 2, 266, 282 u. st. Rspr., siehe etwa noch E 64, 269, 241 f. m. w. N.

lerdings dürfte diese Absichtserklärung nur greifen, wenn der hessische Schulgesetzgeber eine Korrektur der gegenwärtigen Versetzungspraxis zwischen den Jahrgangsstufen 5 und 6 vornimmt. Bei der Angleichung der Verordnung über die Übergänge innerhalb der allgemeinbildenden Schulen an die nunmehr beschlossene Abschaffung des Probeunterrichts wurde möglicherweise eine entsprechend notwendige Anpassung der Verordnung über Versetzungen in den allgemeinbildenden Schulen bis Jahrgangsstufe/Klasse 10 (zuletzt geändert am 14. Juli 1988) versäumt. § 4 Abs. 2 dieser Verordnung sieht die Regelversetzung von Klasse 5 in Klasse 6 vor, nur ausnahmsweise ist eine Nichtversetzung zulässig. Auch der Gesetzentwurf zu einem neuen Hessischen Schulgesetz (Landtags-Drucksache 13/858 vom 4. 11. 1991) beschreibt diese beiden Jahrgangsstufen als eine „pädagogische Einheit", so daß der Schüler „am Ende der 5. Jahrgangsstufe ohne Versetzungsentscheidung in die nächsthöhere Jahrgangsstufe" vorrückt. Das gegenwärtig praktizierte Versetzungsverfahren steht im Widerspruch zu der konstitutiven Bedeutung der Aufnahmevoraussetzung in § 9 Abs. 3 der Übergangsverordnung, wenn man diese Vorschrift im Sinne der Absolvierung einer Probezeit (mit Versetzung) interpretiert. Mit Blick auf das zur Diskussion stehende Gesetz sollte man insofern eine Regelung anstreben, die dem verfassungsrechtlich vorgegebenen Eignungsgebot genügt. Es wäre daher überlegenswert, die Versetzungsentscheidung innerhalb der Jahrgangsstufen 5 und 6 *allgemein* wieder einzuführen. Will man davon Abstand nehmen, so wäre ein Weg zu finden, der zumindest eine Leistungskontrolle — verbunden mit einer Versetzungsentscheidung — für *solche* Schüler vorsieht, die eine weiterführende Schule entgegen Grundschulempfehlung allein aufgrund des elterlichen Wahlrechts besuchen.

---

[110] Vgl. Anm. 78; „Versetzung" und „Aufnahme" werden insoweit in § 9 Abs. 3 nicht als normative Begriffe gleichgesetzt. Vielmehr bildet die Versetzungsentscheidung zum Ende des ersten Schuljahres auf der aufnehmenden Schule das relevante Kriterium innerhalb des Aufnahmeverfahrens. Es ist damit in das gesamte Übergangsverfahren, neben anderen Aspekten (z. B. Prognoseentscheidung im Grundschulgutachten), eingebettet, was (vgl. oben vor Anm. 81) zulässig ist.

2. Elternrecht — staatliche Schulhoheit: Darf der Staat bei der Durchführung des Übergangsverfahrens Kapazitätsgesichtspunkte berücksichtigen?

Zu Zeiten des wieder ansteigenden „Schülerberges" kann man in manchen Bundesländern, im Gegensatz zu der gerade beschriebenen Öffnung der Gymnasien, eine anscheinend konjunkturabhängige Verschärfung der Zugangsvoraussetzungen beobachten[111]. Es ist problematisch, inwieweit solche Kapazitätsaspekte (fehlende bzw. volle Auslastung der entsprechenden Schulen) zum einen direkt, zum anderen vermittelt über eine vormalige Lockerung und jetzige Verschärfung der Eignungsfeststellung (Aufnahmeprüfung / Probeunterricht) Eingang in das Übertrittverfahren finden dürfen.

Es handelt sich hierbei um eine Frage der konkreten Ausgestaltung des Übergangsverfahrens, so daß auf die unter II. bzw. IV., 1. erörterten Aussagen zum Grundrechtsbezug dieses Problembereichs und den daraus gezogenen Folgerungen hinsichtlich des Gesetzesvorbehalts und der im Rahmen der Schulhoheit bestehenden staatlichen Rechtsetzungsbefugnis und -pflicht verwiesen werden darf. Auch hier gilt die Verbindlichkeit des höherrangigen Bundes- wie Landesverfassungsrechts, woran sich der Schulgesetzgeber orientieren muß. Wie erläutert, steht das Elternrecht auf freie Wahl des Bildungsweges ebenso wie das Recht des Schülers auf freien Zugang zu allen öffentlichen Schulen ausschließlich unter dem Vorbehalt von Eignung und Befähigung für den Besuch der jeweiligen Schulart, wie ihn die landesverfassungsrechtlichen Regelungen[112] aufgenommen haben. Die einfachrechtlichen Schulvorschriften der Länder haben diese Bestimmungen zum Teil wortgleich übernommen sowie innerhalb der normativen Ausgestaltung des Übergangsverfahrens weiter und abschließend konkretisiert (vgl. oben III.). Kapazitätsgesichtspunkte spielen hierbei regelmäßig keine Rolle, was bereits gegen deren unmittelbare Berücksichtigung bei Eignungsprüfungen spricht[113]. Der systematische Vergleich

---

[111] Siehe im einzelnen oben I.
[112] Vgl. nochmals bei Anm. 23.
[113] In diesem Sinne hat das OVG Bremen NVwZ — RR 1989, 546 f., 547 entschieden, nach geltendem Landesrecht — die Bestimmungen im bremi-

mit Blick auf andere Vorschriften, in welchen Kapazitätsaspekte aufgenommen wurden, bestätigt diesen Befund. Zu nennen wäre etwa § 33 Abs. 1 Schulgesetz Hamburg, wonach „die Zulassung schulpflichtiger Schüler zum Besuch einer allgemeinbildenden Schule oder berufsbildenden Schule (...) nicht beschränkt werden (darf)" (S. 1). S. 2 bezeichnet die einzig möglichen Ausnahmen von diesem Grundsatz: „Das gilt nicht für den Besuch einer Fachschule, der Berufsfachschule für pharmazeutisch-technische Assistenten oder des Studienkollegs; in diesen Bereichen kann die Zulassung nur beschränkt werden, wenn die vorhandenen Kapazitäten erschöpft sind"[114]. Eine ganz ähnliche Bestimmung enthalten z. B. ebenso § 43 Abs. 5 Schulgesetz Niedersachsen oder Art. 23 Abs. 4 BayEUG[115]. Neben solchen spezifische Schulen der Sekundarstufe II bzw. des tertiären Bereichs betreffenden Sonderregelungen kann ferner die Aufnahme in eine *bestimmte* Schule aus Kapazitätsgründen verweigert werden. Gem. § 31 Abs. 2 SchOrdG Saarland ist dies dann zulässig, „wenn die Aufnahmefähigkeit der Schule erschöpft oder der Besuch einer anderen Schule dessel-

---

schen Schulgesetz weichen insoweit nicht von den Schulrechtsvorschriften der übrigen Länder ab — dürfe der Rechtsanspruch auf den jeweils gewünschten Bildungsweg nur nach Maßgabe der Gesetze eingeschränkt werden, also dann, wenn mangels Eignung / Befähigung durch „die Aufnahme des Schülers oder sein Verbleiben in der Schule die Erziehung und Unterrichtung der Mitschüler erheblich behindert werden". Weiter heißt es, daß „jeder Schüler der Jahrgangsstufen 5 und 6 einen Anspruch auf den von ihm gewünschten weiteren Bildungsweg hat und deshalb nicht aus Kapazitätsgründen von einem angebotenen Bildungsgang völlig ausgeschlossen werden kann".

[114] Siehe auch Abs. 2 u. 3, die die Modalitäten zur Kapazitätserrechnung im einzelnen festlegen und zur näheren Ausgestaltung die Ermächtigung zum Erlaß einer Rechtsverordnung beinhalten.

[115] Art. 23 Abs. 4 BayEUG geht insofern weiter, als er auch die Zulassung zu einer Ausbildungs- oder Fachrichtung innerhalb einer Schulart von der Zahl der zur Verfügung stehenden Ausbildungsplätze abhängig macht. Übersteigt die Zahl der Bewerbungen die tatsächlich vorhandene Kapazität und kann dadurch ein geordneter Unterricht nicht mehr sichergestellt werden, darf durch Rechtsverordnung das Zulassungsverfahren erneut — also zusätzlich zur bereits erfolgten Eignungsfeststellung bei Aufnahme in die Schulart selbst — nach Eignungs- und Leistungsgesichtspunkten geordnet werden, wobei Wartezeiten und Härtefälle zu berücksichtigen sind. Die Vorschrift referiert demnach auf einen Sonderfall, in welchem Kapazitätsfragen, abweichend vom Normalfall des Zugangs an weiterführende Schularten, normativ relevant werden können.

2. Elternrecht — staatliche Schulhoheit: Kapazitätsgesichtspunkte

ben Schultypus möglich und dem Schüler zumutbar ist". § 5 Abs. 3 SchulVG Hessen versagt einem „auswärtigen Schüler" den Eintritt in eine bestimmte Schule bei völliger Auslastung der Aufnahmekapazität[116]. Die zuletzt erwähnten Bestimmungen haben demnach die Wahlfreiheit zum Besuch einer konkreten Einzelschule zum Inhalt. Das darf nicht mit der Zulassung zur entsprechenden *Schulart* verwechselt werden. Bevor ein Schüler überhaupt einen Anspruch auf Zulassung zu einer bestimmten Einzelschule geltend machen kann, muß er zunächst die Voraussetzungen für den Zugang zur entsprechenden Schulart erfüllen[117]. Sehr treffend kommt dieses Stufenverhältnis im bereits erwähnten § 31 Abs. 2 SchOrdG Saarland zum Ausdruck: „Wenn die für die Aufnahme vorgeschriebenen Voraussetzungen erfüllt sind (erste Stufe; d. V.), darf (...) eine Aufnahme nur verweigert werden", wenn — wie oben zitiert, zweite Stufe — Kapazitätsgründe entgegenstehen. Anschaulich wird hier zwischen den unterschiedlichen Regelungsmaterien — Zugang zur Schulart, freie Bildungswahl, die nur durch Eignungsvoraussetzungen eingeschränkt werden darf, einerseits und Besuch einer dieser Schulart zugehörigen Einzelschule andererseits — unterschieden[118]. Aus der systematischen Gegenüberstellung derjenigen Vorschriften, die den Zugang zu weiterführenden Schulen regeln, mit solchen, in denen Kapazitätsgesichtspunkte bei der Auswahl einer konkreten Einzelschule mitbestimmend sein können, folgt, daß die jeweiligen Rechtssätze auf unterschiedliche Normbereichsgegenstände abzielen und weder miteinander vermischt, verwechselt werden dürfen, noch in ihrem Normativgehalt aufeinander übertragbar sind. Vielmehr handelt es sich um jeweilige Spezialvorschriften, so daß im Ergebnis eine unmittelbare, wie auch immer geartete Berücksichtigung quantitativer Aspekte der Unter-, Aus- oder Überlastung entsprechen-

---

[116] § 5 Abs. 3 S. 2 Nr. 1 bis 4 SchulVG enthält einen abgestuften Katalog darüber, welche Schüler vorrangig zu behandeln sind. Unter „auswärtige" Schüler sind nach Hess (Anm. 86), § 5 Rz. 12 „wohl die Schüler zu verstehen, die außerhalb des Gebietes des betreffenden Schulträgers ihren Wohnsitz oder gewöhnlichen Aufenthaltsort haben".

[117] Heckel / Avenarius (Anm. 18), S. 330 f.

[118] Siehe auch Art. 23 BayEUG: Nach Absatz 1 der Norm sind für die Aufnahme in die gewählte Schulart allein Eignung und Leistung des Schülers maßgebend. Liegen die Kriterien vor, hat er einen Rechtsanspruch auf Zugang zur Schulart; jedoch besteht gem. Absatz 3 ein solcher Anspruch „auf Aufnahme in eine bestimmte Schule an einem bestimmten Ort" nicht.

der Schulzweige bei der Durchführung von Übergangsverfahren rechtswidrig wäre. Zudem läge, da auch das jeweilige Landesverfassungsrecht lediglich und abschließend auf die Eignung bzw. die Befähigung der Schüler Bezug nimmt, auch insoweit ein Verfassungsverstoß vor. Schließlich wäre unter Beachtung der oben (Teil II.) vorgestellten Wesentlichkeitstheorie der Einbezug von Kapazitätsgesichtspunkten in das Zugangsverfahren einer ausdrücklichen legislativen Entscheidung vorbehalten[119]. Davon hat der jeweilige Landesgesetzgeber — ganz abgesehen von dessen Verfassungswidrigkeit — jedoch Abstand genommen. Die Schulverwaltung ist als Teil der Exekutive an diese legislative Vorgabe gebunden. Eine auch nur mittelbare Einbeziehung derartiger Überlegungen in das Übergangsverfahren — etwa in der Absicht, die Anforderungen an den Eignungsnachweis je nach Auslastung der weiterführenden Schulen anzuheben oder abzusenken — wäre deshalb ebenfalls nicht rechtmäßig. Durch die Hintertür könnten dabei nämlich die normativ allein relevanten Aspekte (Eignung und Befähigung) umgangen sowie normprogrammwidrige Zusatzkriterien eingeführt werden. Das würde aber wiederum leicht zu einer den Rahmen zur Entfaltung der verschiedenen Begabungsrichtungen unzulässig einschränkenden „Bewirtschaftung des Begabungspotentials" führen[120]. Der Staat handelt zwar in Ausübung eines ihm zustehenden politischen Gestaltungsspielraums, wenn er etwa „auf der Grundlage der Ergebnisse der Bildungsforschung bildungspolitische Entscheidungen (trifft; d. V.) und im Rahmen seiner finanziellen und organisatorischen Möglichkeiten ein Schulsystem (bereitstellt; d. V.)"[121], das zugegeben nicht allen Wünschen gerecht zu werden vermag; jedoch dürfen innerhalb dieses Ordnungsrahmens weder der Gesetzgeber, noch die Schulverwaltung „die Voraussetzungen beliebig hochschrauben", um damit beispielsweise „der öffentlichen Hand die Einrichtung von mehr weiterführenden Schulen zu ersparen"[122].

---

[119] Die vom BVerfGE 33, 303, 337 (Numerus clausus) zu Fragen der Einschränkungsmöglichkeiten des Zulassungsrechts zu den Hochschulen vertretene Auffassung ist in diesem Zusammenhang auch auf den Schulbereich übertragbar. Danach sind solche kapazitätsbedingten Zugangsbeschränkungen wegen Grundrechtsrelevanz „nur durch ein Gesetz oder aufgrund eines Gesetzes verfassungsrechtlich statthaft". So nun auch für allgemeinbildende Schulen OVG Schleswig NVwZ 1992, 81, 81 f.

[120] Dazu BVerfGE 34, 181, 184; Maunz (Anm. 33), Art. 6 Rz. 27b.

[121] BVerfGE 34, 181, 184.

Kapazitätsfragen sind nicht allein rein tatsächlicher Natur, sondern im Bereich des Bildungswesens „weitgehend normativ bestimmt"[123], da hiervon immer auch zugleich die Verteilung von Lebenschancen, Persönlichkeitsentfaltungsrechten und Freiheitsgarantien der Erziehungsberechtigten berührt werden. Wollte man mithin den Zugang zu weiterführenden Schulen — sei es de lege ferenda, sei es de lege lata[124] — unter den pauschalen Vorbehalt der Anpassung der Nachfrage (von Schülern und Eltern) an das Angebot (der zur Verfügung stehenden Schulplätze) stellen, so käme das einer unverhältnismäßigen Relativierung des Rechtsanspruchs auf freie Bildungswahl gleich. Unverhältnismäßig auch deshalb, weil durch den Einsatz milderer Mittel, etwa durch bessere Ausschöpfung der Kapazitäten bei entsprechender Verteilung der Schüler auf die weiterführenden Schulen desselben Schultyps am selben Ort[125], regelmäßig gesetzeskonforme Lösungen realisiert werden können. Eben dies berücksichtigen die Schulvorschriften der Länder, welche das Übergangsverfahren frei von Auslastungsüberlegungen gestalten, wogegen solche Gesichtspunkte auf der nächsten Stufe, nämlich vor allem hinsichtlich der Zulassung für eine bestimmte Schule (Wahlschule) durchaus von Bedeutung sind.

3. Weitere Einzelfragen der Ausgestaltung des Übertrittverfahrens

a) Zur Reihenfolge von elterlichem Wahlrecht und schulischer Eignungsbeurteilung

Die Landesbestimmungen zur Regelung des Übertrittverfahrens sehen eine Zusammenarbeit von Schule und Elternhaus vor, dergemäß die Eltern bei Ausübung ihres Wahlrechts zu beraten sind, die Grund-

---

[122] Schlie (Anm. 95), S. 94 bei Fn. 42 mit Verweis auf Fuß (Anm. 93), S. 203 f.

[123] BVerfGE 33, 303, 340; OVG Schleswig NVwZ 1992, 81, 82.

[124] Wie gezeigt, ist letzteres, abgesehen von den verfassungsrechtlichen Prärogativen, schon aufgrund der gegebenen einfachrechtlichen Gesetzeslage in den Ländern nicht möglich.

[125] Siehe dazu VGH Kassel, Urt. v. 11.10.1974. SPE I C VII; zum Verhältnismäßigkeitsgrundsatz bei der Bemessung von Zulassungszahlen im Hochschulbereich ferner BVerfGE 33, 303, 329.

schule eine Empfehlung bezüglich der weiteren Schullaufbahn abgeben und gegebenenfalls Eignungsprüfungen durchführen darf. Der VGH Kassel hat in seinem Beschluß vom 20.6.1988[126] eine Grundsatzentscheidung zur näheren Ausgestaltung, insbesondere zum zeitlichen Ablauf der einzuhaltenden Verfahrensschritte getroffen. Der Beschluß ist über die Grenzen des Einzelfalls bzw. des hessischen Landesrechts hinaus von Bedeutung. Ausgehend von den verfassungsrechtlichen Grundlagen des elterlichen Wahlrechts (Art. 6 Abs. 2 GG) einerseits und der Befugnis des Staates, die Aufnahme des Kindes in eine weiterführende Schule an die Erbringung von Eignungsnachweisen zu knüpfen (Art. 7 Abs. 1 GG), andererseits hält der VGH in Übereinstimmung mit der einschlägigen Verfassungsrechtsprechung fest, das Elternrecht dürfe nicht mehr als notwendig begrenzt werden[127]. Daraus folgert das Gericht, Art. 6 Abs. 2 GG enthalte nicht nur das materielle Grundrecht auf Wahl des gewünschten Bildungsganges, sondern zudem verfahrensrechtliche Komponenten, die den Entscheidungsvorgang, den Willensbildungsprozeß der Erziehungsberechtigten von ungerechtfertigten Eingriffen der Schulverwaltung freihalten und damit die eigentliche Wahlentscheidung selbst überhaupt erst ermöglichen sollen[128]. Zwar müsse die Schule die Eltern aufgrund der jeweiligen landesrechtlichen Vorschriften über den für ihr Kind geeigneten Bildungsgang informieren und beraten, damit diese daraufhin — falls nicht schon zuvor intern geschehen — ihre selbständige Entscheidung treffen können, doch bedeute das nicht, daß „der Staat in einer so wichtigen Frage das ‚erste Wort' noch vor den Eltern haben soll"[129]. Demnach werde die primäre Entscheidungszuständigkeit der Eltern[130] nur dann angemessen gewährleistet, wenn „die Wahl durch

---

[126] Abgedruckt in NVwZ 1988, 949 ff.; dazu etwa auch Theuersbacher, Die Entwicklung des Schulrechts von 1988 bis 1990, in: NVwZ 1991, 125 ff., 128; Richter (Anm. 32).

[127] VGH Kassel, ebd., S. 950 m. w. N. auf die Rspr. des BVerfG; siehe oben Teil II.

[128] VGH Kassel, ebd.; auf die zunehmende Relevanz verfahrensrechtlicher Grundrechtsdimensionen wurde oben in Anm. 99 bereits hingewiesen.

[129] VGH Kassel, ebd.

[130] Lt. BVerfGE 34, 165, 184 beruht der Entscheidungsprimat auf der Erwägung, die Eltern würden als „natürliche Sachwalter" der Kindesinteressen diese auch am besten wahrnehmen.

3. Weitere Einzelfragen der Ausgestaltung des Übertrittverfahrens

die Eltern der staatlichen Entscheidung darüber vorausgeht, ob das Kind für den gewählten Bildungsweg auch geeignet ist"[131]. Unzulässig seien mithin all jene Eignungsfeststellungsakte, die schon vor der Elternwahl und deren Bekanntgabe gegenüber der Schule, eine *verbindliche* Aussage zur Frage enthielten, für welche Schule das Kind geeignet ist. Solche verbindlichen Festlegungen, die nicht lediglich eine ggf. korrigierbare Information der Eltern zum Inhalt hätten, beschränkten das Elternrecht „mehr als notwendig", weil sie geeignet seien, „auf die Entscheidung der Eltern lenkend einzuwirken und sie vorzubestimmen. Die Eignungsfeststellung kann die Eltern von der Wahl einer Schulform (...) abhalten und ihren Entscheidungsspielraum von vornherein auf solche Schulen einengen, für die ihr Kind nach dem Gutachten ohne weiteres in Betracht kommt"[132]. Der VGH sieht im Ergebnis das Grundrecht aus Art. 6 Abs. 2 GG durch eine der Elternwahl vorausgehende Eignungsbeurteilung in zweifacher Hinsicht verletzt. Zum einen verstoße ein solcher Verfahrensablauf gegen das Verbot der positiven Auslese, wobei das Gericht diesen Grundsatz in das Verfahren verlagert[133]; zum anderen werde dadurch gleichfalls das Verhältnismäßigkeitsprinzip mißachtet: der Staat greife intensiv in die Rechtssphäre der Eltern ein, obgleich geeignete, aber weniger einschneidende Möglichkeiten zur Erreichung des beabsichtigten Zwecks zur Verfügung stünden. Das Maß des Notwendigen und in diesem Sinne Verhältnismäßigen sei insofern überschritten, als zur Entscheidungshilfe der Eltern eine unverbindliche, das heißt korrigierbare Information über die voraussichtliche Eignung ihres Kindes ausreiche.

---

[131] VGH Kassel, ebd.

[132] VGH Kassel, ebd., wo noch auf den zusätzlichen Aspekt aufmerksam gemacht wird, eine derartige Reihenfolge nehme „dem Staat die Möglichkeit, sich zunächst mit den Wünschen der Eltern und von ihnen eventuell vorgetragenen Umständen zu befassen, die es möglich erscheinen lassen, daß die Eignung in einem anderen Licht erscheint und jedenfalls in Grenzfällen anders beurteilt wird".

[133] Dazu ebenso Richter (Anm. 32), S. 35: „Eine verbotene positive Auslese liegt auch dann vor, wenn der Staat die Eignung für eine bestimmte Schulart der Sekundarstufe I feststellt und den Eltern danach nur die Möglichkeit verbleibt, ihr Kind — der Eignungsfeststellung durch die Grundschule entgegen — für eine weiterführende Schule anzumelden, bei der es dann — vielleicht dem Eignungsgutachten entsprechend — abgewiesen wird".

Der Entscheidung des VGH Kassel ist zuzustimmen[134], da sie das elterliche Wahlrecht stärkt und verfahrensrechtlich absichert, ohne jedoch die aus der staatlichen Schulhoheit fließende Befugnis zur Ordnung und inhaltlichen Ausgestaltung des Zugangsverfahrens zu beeinträchtigen.

Was folgt daraus für die rechtspraktische Handhabung der Übergangsverfahren? Die Grundschule (bzw. die jeweilige Schule am Ende der Orientierungsstufe) muß die Eltern über weiterführende Bildungsgänge informieren und im Hinblick auf die Geeignetheit ihres Kindes beraten. Auf dieser Basis üben die Eltern ihr Wahlrecht aus; erst dann darf die Schule ein *verbindliches* Übertrittszeugnis, eine entsprechende (Grund-) Schulempfehlung o. ä. zur Vorlage bei der gewünschten Schule erteilen. Das entspricht im wesentlichen der bereits geltenden Rechtslage[135], insbesondere in den Ländern, in denen als Zugangsvoraussetzung bei entgegenstehender Bildungsempfehlung die Durchführung eines Probeunterrichts oder einer Aufnahmeprüfung vorgesehen ist. Hierbei spielt es keine Rolle, ob die Klassenkonferenz eine derartige Empfehlung auf Antrag der Erziehungsberechtigten vornimmt oder ob vor deren Erteilung die Eltern zu hören sind. Der Sache nach wird

---

[134] So auch Theuersbacher (Anm. 126), S. 128, und Richter (Anm. 32), S. 36 f.

[135] Siehe z. B. § 5 Abs. 1, Abs. 2 Volksschulordnung Bayern; § 16 Abs. 2, Abs. 3 Schulordnung für die öffentlichen Grundschulen Rheinland-Pfalz, §§ 19 Abs. 1, 21 Abs. 1 Schulordnung für die öffentlichen Hauptschulen, Realschulen, Gymnasien und Kollegs Rheinland-Pfalz. An der Grenze liegt jedoch die Regelung der baden-württembergischen AufnahmeVO: § 4 sieht keinen vorherigen Antrag bzw. keine Hinzuziehung der Eltern bei der Grundschulempfehlung vor; andererseits können Eltern bei gegenläufiger Grundschulempfehlung nach § 5 den Antrag auf Durchführung eines besonderen Beratungsverfahrens stellen. Innerhalb dessen wird eine Gemeinsame Bildungsempfehlung erteilt, in welcher der Wunsch der Erziehungsberechtigten zu beachten ist. Da nach § 2 Nr. 1, 2. Alternative, die Gemeinsame Bildungsempfehlung zur Anmeldung vorzulegen ist, mag eine verfassungskonforme Interpretation zu dem Ergebnis kommen, im Rahmen von § 5 werde das vorrangige Elternrecht noch gewahrt. Gleichwohl sollte die angekündigte Reform des baden-württembergischen Übergangsverfahrens nicht nur zur Abschaffung der — im vorliegenden Kontext — sehr problematischen Orientierungsarbeiten führen, sondern auch hier Klarheit schaffen und beispielsweise bereits die Grundschulempfehlung von einem Antrag der Eltern oder der Einräumung eines vorherigen Anhörungsrechts abhängig machen.

3. Weitere Einzelfragen der Ausgestaltung des Übertrittverfahrens 61

in beiden Varianten dem Wahlrecht vor der verbindlichen Eignungsfeststellung Vorrang eingeräumt, wobei im Einzelfall stets darauf zu achten ist, daß in der zweiten Fallgestaltung die Eltern tatsächlich angehört, das heißt nach dem gewünschten Bildungsgang gefragt und nicht mit einer bereits quasi-verbindlichen Empfehlung „überfahren" werden[136].

b) Verbindliche Eignungsempfehlungen auch für Schulen, für deren Besuch eine bestimmte Eignung nicht vorausgesetzt wird?

Der Beschluß des VGH Kassel verdient noch in einem weiteren Punkt Beachtung. Im vom Gericht zu beurteilenden Sachverhalt erfolgte die Eignungsfeststellung nicht nur zeitlich vor der Elternwahl, sondern zusätzlich für einen Bildungsweg, nämlich die Förderstufe, für deren Besuch eine bestimmte Eignung nicht vorausgesetz wird[137]. Das Gericht argumentiert wie folgt: Der Zweck der Förderstufe bestehe u. a. darin, die weitere Schullaufbahn des Kindes auf eine sicherere Grundlage zu stellen, so daß Eltern, die ihr Kind für den Besuch einer Förderstufe vorsehen, mit einer Eignungsaussage, die sich auf die herkömmlichen Schularten bezieht, nicht geholfen wäre. Zudem gehe die Eignungsfeststellung stets dann ins Leere, wenn nach der Grundschule die Förderstufe oder die schulformunabhängige Gesamtschule besucht werden sollen — also Schulformen, die keinen Eignungsnach-

---

[136] Nicht zweifelsfrei war in diesem Zuammenhang die Gliederung des Übertrittverfahrens gem. § 4 ÜbertrittVO (alt — i. d. F. v. 2.5.1991) Thüringen. Danach erhielt jeder Schüler eine Schullaufbahnempfehlung der Klassenkonferenz, die den Erziehungsberechtigten „gegen Empfangsbestätigung" übermittelt wurde (§ 7). Die Empfehlung betraf jeden Schüler der Klassenstufe 4 (§ 6 Abs. 1 S. 1), wobei ein Antrag der Eltern lediglich für Schüler der Klassenstufe 5 bis 8 bzw. 9 bis 10 erforderlich war. Da der Empfehlung zudem nur eine (allgemeine) Information der Erziehungsberechtigten über das Übertrittverfahren vorausging (§ 5), war fraglich, ob bzw. inwieweit der konkrete·Elternwille Eingang in das Verfahren finden konnte.

[137] Gemäß dem Willen der Eltern sollte ihr Sohn nach dem vierten Grundschuljahr eine Förderstufe besuchen. Die Klassenkonferenz hatte die Eignung zum Besuch der Realschule festgestellt. Zugleich enthielt die Eignungsfeststellung den Hinweis, daß ebenso der Besuch einer Förderstufe oder integrierten Gesamtschule möglich sei.

weis im üblichen Sinne voraussetzen. Ein Eignungsgutachten in solchen Fällen „legt mithin etwas fest, wofür kein Bedürfnis besteht"[138]. Es sei schlichtweg überflüssig und jedenfalls dann unzulässig, wenn über eine unverbindliche Information hinaus Festlegungen erfolgten, welche Schulformen nicht bzw. nur nach Überwindung administrativer Hürden besucht werden dürfen. Derartige Festlegungen, zumal falls sie in der das elterliche Wahlrecht zeitlich zurückdrängenden Reihenfolge vorgenommen werden, verstießen letztendlich — und hier liegt der verfassungsdogmatische Clou der Entscheidung — gegen das Übermaßverbot, da sie die Eltern bei der Ausübung des Wahlrechts beeinflussen und irritieren könnten: „Ist eine Maßnahme zur Erreichung eines von der Verfassung oder von Gesetzes wegen gebotenen Zwecks nicht notwendig, andererseits aber geeignet, in Rechte des Bürgers einzugreifen (wovon der VGH ausgeht; d. V.), ist sie unverhältnismäßig und damit zu unterlassen (Art. 20 Abs. 3 GG)". Neben der Verletzung von Art. 6 Abs. 2 GG sieht das Gericht ferner einen Verstoß gegen Art. 2 Abs. 1 GG. Davon sei derjenige Schüler betroffen, der sich einer Begutachtung bzw. Eignungsfeststellung unterziehen müsse, die ihn potentiell belaste, obgleich nach der Rechtslage hierfür keine Notwendigkeit bestehe. Man mag über die zuletzt referierte Aussage der Entscheidungsgründe streiten[139], zumindest über die vom Staat einzuhaltenden Grundsätze des Verhältnismäßigkeitsgebots bei der Korrektur des elterlichen Wahlrechts besteht jedenfalls Einigkeit. Demnach kann dem VGH im Ergebnis auch in diesem Punkt zugestimmt werden: Verbindliche Eignungsempfehlungen für Schulformen, für deren Besuch kein Eignungsnachweis erbracht werden muß, dürfen nicht, auch nicht als zusätzliche Hinweise im Rahmen einer Empfehlung für eignungsabhängige Schulen, ausgesprochen werden. Zulässig sind allein unverbindliche Informationen über die entsprechenden Schulformen, zum Beispiel im Verlaufe eines Beratungsgesprächs.

---

[138] VGH Kassel, ebd., S. 951; dort auch das folgende Zitat.

[139] Zu den weitreichenden Folgerungen dieser Entscheidung für Fragen des Prüfungsrechts mit guten Gründen Richter (Anm. 32), S. 37, der den Ansatz des VGH aufgreift und in die Formel bringt: „Jede Leistungs- und Eignungsbeurteilung ist ein Grundrechtseingriff, der einer gesetzlichen Grundlage bedarf (...) und der nach dem Verhältnismäßigkeitsprinzip beurteilt werden muß".

3. Weitere Einzelfragen der Ausgestaltung des Übertrittverfahrens 63

c) Zum Anspruch der Eltern auf Erteilung einer vom Schulleiter zugesagten positiven Grundschulempfehlung

Mit einem Spezialproblem, das gleichwohl dem Schulalltag nicht so fremd sein dürfte, mußte sich der VGH Mannheim in seinem Beschluß vom 25.8.1988 befassen[140]. Dort ging es u. a. um die Frage, welche Rechtswirkung die in einem Beratungsgespräch den Eltern gegenüber gegebene mündliche Zusage des Schulleiters erzeugt, das Kind erhalte die begehrte positive Grundschulempfehlung für den Besuch der Realschule bzw. des Gymnasiums[141]. Haben die Erziehungsberechtigten bei dennoch erfolgter negativer Grundschulempfehlung dann einen Anspruch auf Einlösung dieser Zusage, anders formuliert: Ist die Klassenkonferenz an ein derartiges Versprechen des Rektors gebunden?

Unabhängig davon, daß eine solche Zusage zu ihrer rechtlichen Wirksamkeit gemäß § 38 Abs. 1 S. 1 VwVfG der schriftlichen Form bedarf, ist für ihre Verbindlichkeit erforderlich, daß sie — die Zusage — von der zuständigen Behörde erteilt wurde. Hieran fehlt es jedoch bereits. Nach den jeweiligen landesrechtlichen Vorschriften — in Baden-Württemberg zum Beispiel § 4 Abs. 5 S. 1 und 2 der Aufnahmeverordnung — ist der Schulleiter lediglich Vorsitzender der Klassenkonferenz und als solcher stimmberechtigt, wobei seine Stimme bei Stimmengleichheit den Ausschlag gibt. Allenfalls im Rahmen der Klassenkonferenz kann danach der Stimme des Rektors besonderes Gewicht zukommen. Dagegen besitzt der Schulleiter nach außen, gegenüber Dritten in diesen Fragen keinerlei Entscheidungskompetenz. Auch sonst geben die einschlägigen Regelungen nichts für die Annahme her, die Klassenkonferenz sei bei ihrer Entschließung an eine vorherige Äußerung ihres Vorsitzenden zum Inhalt der Grundschulempfehlung gebunden. Diese obliegt ausschließlich der Klassenkonferenz, die aufgrund der in den Aufnahmeverordnungen, Übergangsbestimmungen usw. vorgegebenen sachlichen Kriterien zu entscheiden befugt ist[142]. Die Eltern haben somit im Ergebnis lediglich einen

---

[140] SPE NF 860 Nr. 28.

[141] Im Fall des VGH Mannheim war der Schulleiter zugleich der Mathematiklehrer des Schülers; ferner war die der Zusage zustimmende Klassenlehrerin anwesend.

[142] VGH Mannheim, ebd., S. 29.

Anspruch auf eine den formellen wie inhaltlichen Anforderungen des Übergangsverfahrens genügende und entsprechend zustande gekommene Eignungsempfehlung. Davon abweichende rechtswidrig erteilte mündliche Versprechungen sind unbeachtlich und regelmäßig vor Gericht nicht einklagbar.

V. Rechtsschutzfragen des Übertrittverfahrens

1. Vorbemerkung zum Kreis der Klagebefugten

Vorweg ist die Frage nach dem in diesem Zusammenhang überhaupt klagebefugten bzw. rechtsbeschwerten Personenkreis zu stellen. Auszugrenzen sind zunächst diejenigen Beteiligten am Übergangsverfahren, die sich zwar durch die eine oder andere Maßnahme subjektiv in ihren „Rechten" verletzt fühlen, denen die Rechtsordnung aber gleichwohl eine Klagebefugnis mangels Rechtsbeschwer verweigert. Um ein Beispiel zu nennen: Eingangs (siehe oben Teil I.) wurde berichtet, Grundschullehrer, die etwa hinsichtlich der Eignung des Schülers für einen Besuch des Gymnasiums, eine negative Bildungsempfehlung aussprechen, fühlten sich zunehmend durch anderslautende Einschätzungen von Gymnasiallehrern, welche diese auf der Basis eines nur dreitägigen Probeunterrichts abgeben, in ihrem fachlichen Beurteilungsvermögen verletzt; zudem — so wird vorgetragen — würden solche widersprüchlichen Beurteilungen das Vertrauen der Elternschaft in die pädagogische Kompetenz von Grundschullehrern unterhöhlen. Kann also, vereinfachend formuliert, der einzelne Grundschullehrer oder die gesamte Klassenkonferenz gegen eine ihrer Empfehlung widersprechende Entscheidung im bzw. am Ende des Probeunterrichts juristisch vorgehen? Die Antwort lautet nein. Die Klassenkonferenz, und in ihr der einzelne Lehrer, nimmt ihre / seine letztendlich aus der staatlichen Schulhoheit abgeleiteten und einfachrechtlich normierten Befugnisse wahr, indem sie / er eine Empfehlung abgibt. Damit erschöpft sich die gesetzlich eingeräumte Rechtsmacht. Nirgendwo wird rechtlich garantiert, daß diese Empfehlung im weiteren Verlauf des Zugangsverfahrens Bestand haben muß oder auch nur soll. Im Gegenteil besteht der Zweck von Aufnahmeprüfungen bzw. des Probeunterrichts gerade darin, eine Korrektur negativer Bildungsempfehlungen zugunsten von Eltern und Schülern vornehmen zu können. Wollte man insofern der Klassenkonferenz und / oder dem einzelnen Grundschullehrer ein Klagerecht gegen derartige Entscheidungen im Übergangsverfahren einräumen, liefe das diesem Zweck zuwider und wäre überdies rechtspraktisch betrachtet äußerst unhandlich bzw. würde zu ungeahnten Verfahrensverlängerungen führen. Ein weiterer, rechtsdogmatisch entscheidender Gesichtspunkt kommt hinzu. Lehrer handeln bei Abgabe ihrer Grundschulempfehlung innerhalb der Klassenkonferenz in Ausübung eines öffentlichen Amtes, also als Funktionsträger staatlicher Schulhoheit. Sie nehmen demnach nicht eigene Rechtsinteressen wahr, sondern führen die ihnen übertragenen Amtspflichten aus. Das gilt im übrigen für alle an diesem Verfahren beteiligten Lehrkräfte, also auch für die den Probeunterricht bzw. die Aufnahmeprüfung durchführenden Lehrer. Alle daran auf seiten der Schulverwaltung Beteiligten sind, bildlich gesprochen, Teil des die Schulhoheit ausübenden Staatsapparates, die sich lediglich durch verschiedene Aufgabenzuweisungen unterscheiden. Gemeinsam ist ihnen allen, daß sie hierbei keine eigenen Rechtsinteressen verfolgen und mithin auch nicht in subjektiven Rechtspositionen verletzt sein können. Somit entfällt bereits die für einen Rechsschutz erforderliche Rechtsbeschwer. Denkbar wäre allenfalls eine Rechtsverletzung durch die Umgehung der ihnen durch Schulrechtsvorschriften im Übergangsverfahren zugewiesenen Kompetenzbefugnisse, beispielsweise wenn — wie im obigen Fall (Teil IV, 3., c) — eine unzuständige Stelle Rechtsakte vornimmt. Doch auch dann handelt es sich lediglich um einen Formfehler, der innerhalb der Schulverwaltung angesiedelt ist und gleichfalls nicht zu einem Verlust eigenständiger materialer Rechtspositionen führt. Er trifft die beteiligten Lehrer nicht in subjektiv einklagbaren, gegen den Staat gerichteten Rechten. Nach außen hin, in einem davon unabhängigen Rechtskreis, wirken sich derartige Kompetenzverletzungen subjektivrechtlich betrachtet, das heißt als Verletzung originärer Rechte durch formell rechtswidrige Verfahrensakte, ausschließlich auf Schüler und Eltern aus. Nur diese mit eigenständigen, gegen den Staat adressierten Rechtspositionen ausgestatteten Beteiligten am Übergangsverfahren können eine formell nicht rechtmäßige Durchführung desselben eventuell erfolgreich vor Gericht angreifen. Im Ergebnis sind Unstimmigkeiten zwischen den am Eignungsverfahren teilnehmenden Funktionsträgern der staatlichen Schulhoheit verwaltungsintern, zum Beispiel durch den Erlaß von die Bewertungsmaßstäbe vereinheitlichenden Richtlinien, zu lösen und, jedenfalls im Bereich der vorliegend interessierenden Fragestellungen, nicht justitiabel.

2. Inwieweit können gegen das Eignungsverfahren Rechtsbehelfe eingelegt werden?

Lassen sich negative Schullaufbahnempfehlungen nicht schulintern korrigieren, sind Eltern und Schüler mit dem Ergebnis des Probeunterrichts oder einer Aufnahmeprüfung nicht einverstanden, stellt sich immer wieder die Frage, inwieweit dann juristische Schritte erfolgversprechend sind[143]. Entscheidend für die Wahl des Rechtsmittels bzw. Rechtsweges ist hierbei stets, welche Rechtsnatur die angegriffene Maßnahme jeweils besitzt. Grundsätzlich kommt bei den genannten negativen Entscheidungen die Erhebung einer Anfechtungsklage gem. § 42 Abs. 1 VwGO in Betracht, falls nicht bereits das zuvor zu durchlaufende Widerspruchsverfahren (§ 68 ff. VwGO) Abhilfe schafft und zum Erfolg führt. Dieses Vorverfahren wie auch die Anfechtungsklage setzen aber das Vorliegen eines belastenden Verwaltungsakts voraus. Ob eine solche Rechtsbeschwer im Einzelfall geltend gemacht werden kann, ist oft schwierig zu beurteilen. Für eine Reihe von das Schulverhältnis betreffenden Sachverhaltsgestaltungen besteht jedoch eine gesicherte Rechtsprechungspraxis, wann einer Maßnahme aufgrund ihrer unmittelbaren Rechtswirkung nach außen Verwaltungsaktqualität zugesprochen werden muß[144]. Allgemein wird heutzutage anerkannt, daß alle den Status eines Schülers begründenden, ändernden oder aufhebenden Maßnahmen sowie Prüfungs- und Versetzungsentscheidungen als Verwaltungsakte anzusehen sind[145]. So ist beispielsweise die Nichtaufnahme eines Schülers in eine weiterführende Schule unzweifelhaft ein Verwaltungsakt[146]. Ist er rechtswidrig zustande gekommen, verletzt er nicht nur den Schüler in seinem Statusverhältnis, letztlich in seinen grundrechtlich verbürgten Ansprüchen aus Art. 2 Abs. 1 und 12 Abs. 2 S. 1 GG, sondern ebenso das auf Art. 6 Abs. 2 GG beruhende Grundrecht der Eltern auf freie Bildungswahl. Proble-

---

[143] Formlose Rechtsbehelfe, wie etwa die Gegenvorstellung, mit der schulintern um Aufhebung oder Änderung einer Maßnahme gebeten wird, sollen vorliegend außer Betracht bleiben; dazu z. B. Heckel / Avenarius (Anm. 18), S. 430.

[144] Vgl. den Überblick bei Heckel/Avenarius (Anm. 18), S. 431.

[145] Sannwald (Anm. 43), S. 412; ebenso Niehues (Anm. 37), Rz. 94 f. jeweils m. w. N.

[146] Grundlegend BVerwG, Urt. v. 29.6.1957, SPE II B I, S. 1.

matisch ist, wie die der Aufnahmeentscheidung vorausgehenden einzelnen Schritte und Maßnahmen des Übergangsverfahrens einzuschätzen sind. Davon, nämlich von deren Einordnung als Verwaltungsakt, hängt die Möglichkeit ab, dagegen selbständig förmliche Rechtsbehelfe einzulegen.

a) Sieht das Landesrecht eine *Aufnahmeprüfung* vor (z. B. wie in § 6 ff. Aufnahmeverordnung Baden-Württemberg), so ist die Prüfungsentscheidung, die für die aufnehmende Schule verbindlich ist (§ 1 Aufnahmeverordnung Baden-Württemberg), als Verwaltungsakt zu werten, wenn gegen sie keine Korrekturmöglichkeit zugelassen ist und sie mithin unmittelbare Rechtswirkungen nach außen erzeugt.

b) Diffiziler stellt sich die Rechtslage bei der *Grundschulempfehlung* dar. Ob ihr unmittelbare, den Status des Schülers bzw. das Wahlrecht der Eltern tangierende Außenwirkung zukommt, hängt vom landesrechtlich unterschiedlich ausgestalteten Zugangsverfahren ab. Eine positive Schullaufbahnempfehlung begründet in allen Ländern als selbständiger Eignungsnachweis die Anwartschaft des Schülers für die Aufnahme in die gewünschte weiterführende Schule, was für deren Verwaltungsaktqualität spricht. Dies dürfte zumindest für diejenigen Länder zutreffen, in welchen außer der Grundschulempfehlung keine weiteren Zwischenschritte zur Aufnahme in die neue Schule erforderlich sind. Fraglich könnte jedoch das Vorliegen eines Rechtsschutzbedürfnisses sein, wenn — wie in den dortigen Ländern der Fall (siehe oben III., 1., c) — das Kind auch bei entgegenstehender Grundschulempfehlung die von den Eltern ausgewählte Schule besuchen kann, es also dadurch keinen Rechtsnachteil erleidet. Der „Makel" einer negativen Empfehlung berührt insofern weder das Statusverhältnis des Kindes noch das Wahlrecht der Erziehungsberechtigten. Erst während bzw. am Ende der Probezeit könnte sich durch eine Rück-/Schrägversetzung oder durch den mangels Eignung/Befähigung bedingten Nichtverbleib (eigentlich: die versagte Aufnahme) in der gewünschten Schulart ein Rechtsnachteil einstellen. Gegen entsprechende als Verwaltungsakte zu qualifizierende Maßnahmen wäre dann der Rechtsweg eröffnet.

In Bayern scheint sich die Rechtslage auf den ersten Blick einfacher darzustellen. Ist das Übertrittszeugnis negativ, muß der Schüler sich einem dreitägigen Probeunterricht unterziehen; in diesem Sinne wirkt die negative Schullaufbahnempfehlung unmittelbar und nachteilig in seinen Rechtskreis ein. Von daher müßte er das Übertrittszeugnis eigentlich anfechten können. Jedoch gibt es auch hier Probleme mit dem Rechtsschutzbedürfnis, wie sogleich (siehe unten c) zu erörtern sein wird.

Wieder anders liegt der Fall in Baden-Württemberg. Dort kann ein Schüler mit positiver Grundschulempfehlung zwar auch die Aufnahme in die weiterführende Schule beantragen; insofern wirkt die Grundschulempfehlung nach außen und unmittelbar statusverändernd. Kompliziert wird die Sache jedoch durch den Umstand, daß sich bei einer negativen Grundschulempfehlung ein weiterer Verfahrensschritt bis zur Aufnahmeprüfung dazwischenschaltet. Dann kann nämlich, falls die Eltern das wünschen, die auf einer höheren Verfahrensstufe angesiedelte *Gemeinsame Bildungsempfehlung* angestrebt werden (siehe oben Teil III., 1., a). Geschieht dies, legt die Grundschulempfehlung in einer solchen Fallkonstellation noch nicht endgültig die Schullaufbahn des Kindes fest. Sie hat dann keine unmittelbare Rechtswirkung nach außen, sondern bildet gleichsam nur eine das weitere Verfahren vorbereitende Maßnahme. Im Schrifttum wurde vorgeschlagen, dennoch von der Verwaltungsaktqualität einer negativen Grundschulempfehlung auszugehen, da ihr eigenständige Bedeutung zukomme, indem sie nämlich die rechtliche Voraussetzung für die abschließende Aufnahmeentscheidung bilde und auch Grundrechtspositionen beeinträchtigen könne[147]. Nach dieser Auffassung müßte die sinngemäße Übertragung der Argumentation auf die gemeinsame Bildungsempfehlung möglich sein, so daß beide Maßnahmen als Verwaltungsakte zu werten und mit Widerspruch sowie Anfechtungsklage angreifbar wären. Es mag offenbleiben, inwieweit diese Meinung dogmatisch aufrechterhalten werden kann. Sie scheitert bereits an einer anderen Überlegung.

c) Sie setzt nämlich eine isolierte Betrachtung der jeweiligen Eignungsnachweise voraus und verkennt, daß Grundschulempfehlung, Gemeinsame Bildungsempfehlung und Aufnahmeprüfung (in Bayern: Übertrittszeugnis und dreitägiger Probeunterricht) als aufeinander aufbauende Schritte eines einheitlichen Verfahrens in einem Stufenver-

---

[147] Sannwald (Anm. 43), S. 413, der die Parallele zur Androhung einer Vollstreckungsmaßnahme (= Verwaltungsakt) nach dem Verwaltungsvollstreckungsrecht zieht.

hältnis zueinander stehen: „Dieses Stufenverhältnis ist bedingt durch einen zeitlich-funktionalen Aspekt des Eignungsfeststellungsverfahrens sowie strukturelle Unterschiede der drei möglichen Eignungsnachweise"[148]. Daraus folgt, daß ein Schüler stets erst die nächste Stufe des Zugangsverfahrens bis zur Aufnahmeprüfung beschreiten muß, bevor er Widerspruch einlegen bzw. gerichtlichen Rechtsschutz erlangen kann. Demgemäß sind Rechtsbehelfe gegen die Grundschulempfehlung und / oder die Gemeinsame Bildungsempfehlung mit dem Ziel der Verpflichtung der Schule zur Erstellung einer mit den Wünschen der Erziehungsberechtigten übereinstimmenden Schullaufbahnempfehlung mangels eines Rechtsschutzbedürfnisses unstatthaft. Dieses fehlt, falls „der Schüler sich nicht der Aufnahmeprüfung unterzogen und damit nicht die nächstliegende Möglichkeit wahrgenommen hat, ohne Inanspruchnahme des Gerichts seine Eignung für die angestrebte Schulart in einem objektivierten Verfahren der Verwaltung nachzuweisen und damit doch noch die Zugangsberechtigung zu erlangen"[149].

Der Beschluß des VGH Mannheim ist überzeugend, weil er den einfachrechtlichen Bestimmungen entspricht und zudem äußerst sachgemäß, nämlich rechtspraktisch argumentiert. Bei Einhaltung der im Eignungsverfahren vorgesehenen Einzelschritte dürfte allemal eine schnellere, vor allem aber fachpädagogisch kompetentere Entscheidung hinsichtlich der Befähigung des Schülers ergehen, als dies im Widerspruchs- oder Gerichtsverfahren möglich wäre. Im Ergebnis kann demnach nur gegen den das Zugangsverfahren jeweils abschließenden Eignungsnachweis Rechtsbehelf eingelegt werden, das heißt konkret gegen die Aufnahmeprüfung bzw. die damit direkt verknüpfte ablehnende Aufnahmeentscheidung[150]. In Bayern — auf die dortigen

---

[148] So für die baden-württembergische Rechtslage VGH Mannheim, NVwZ — RR 1990, 246 ff., 247; dort auch zu den spezifischen Einzelgesichtspunkten zeitlich-funktionaler und struktureller Art, auf die hier nicht eingegangen werden muß.

[149] VGH Mannheim, ebd., S. 247.

[150] Da den zeitlich vorhergehenden Eignungsnachweisen gegenüber der abgelegten Aufnahmeprüfung (oder auch dem absolvierten Probeunterricht) — sei sie (er) nun bestanden oder nicht — keine rechtlich selbständige Bedeutung mehr zukommt, hat sich der gerichtliche Rechtsschutz (zuvor das Widerspruchsverfahren) auf die Prüfungsentscheidung (den Probeunterricht) zu beschränken. Mit Einwendungen gegen die Grundschulempfehlung bzw.

Verhältnisse können die Entscheidungsgründe des referierten Beschlusses wegen struktureller Ähnlichkeiten des Zugangsverfahrens übertragen werden — sind mithin allein die aufgrund des Probeunterrichts ergangenen Maßnahmen anfechtbar (ebenso: Nordrhein-Westfalen), es sei denn, das negative Übertrittszeugnis verletzt die Eltern oder den Schüler in Rechtspositionen, die außerhalb des Übergangsverfahrens angesiedelt sind und eine eigene (darüber hinausreichende) Beschwer begründen, so daß den davon Betroffenen mit einer Überprüfung auf der nächsthöheren Verfahrensstufe (Probeunterricht) nicht geholfen wäre. Letzteres gilt natürlich auch bezüglich der Länder, die dem Elternwillen trotz negativer Grundschulempfehlung stattgeben. Ansonsten kann dort (es wurde bereits ausgeführt) lediglich die das Übergangsverfahren abschließende Entscheidung am Ende der Probezeit Gegenstand eines formellen Rechtsschutzverfahrens sein. In Bayern und Nordrhein-Westfalen, wo sich an den erfolgreich verlaufenden Probeunterricht noch jeweils eine zusätzliche Probezeit anschließt (siehe oben Teil III., 1., d), kann gegen die am Ende dieser Probephase getroffene eventuelle negative Entscheidung, die als eigenständiger Verwaltungsakt zu werten ist, schließlich gleichfalls Rechtsbehelf eingelegt werden.

3. Wieweit darf die Widerspruchsbehörde, kann das Gericht Eignungsnachweise überprüfen?

a) Zu Fragen der *gerichtlichen Nachprüfbarkeit* von Prüfungsentscheidungen aus dem Schul- und Hochschulrecht ließe sich eine unendlich lange Literaturliste erstellen[151]. Im vorliegenden Rahmen kön-

---

Gemeinsame Bildungsempfehlung werden Schüler und Eltern nicht mehr gehört; so VGH Mannheim, ebd., S. 248, zustimmend Theuersbacher (Anm. 126), S. 129. Insofern unterscheidet sich der Sachverhalt von negativen Prüfungsbescheiden etwa im Rahmen von Reifeprüfungsverfahren. Der „Makel eines Durchfallkandidaten" bei der Erstprüfung erlöscht nicht automatisch durch die bestandene Wiederholungsprüfung und kann sich ungünstig auf das berufliche Fortkommen auswirken. Deshalb ist eine Klage auf Aufhebung des negativen Abiturprüfungsbescheids nach Bestehen der Zweitprüfung zulässig; die Beschwer ist dann nicht weggefallen. So jüngst BVerwG NVwZ 1992, 56 ff., 56 f. m. w. N. auf die st. Rspr.

[151] Zu den Nachweisen im einzelnen sowie zur Einführung in die Problematik: Niehues (Anm. 37), Rz. 353 ff.; Seebass (Anm. 37).

nen lediglich die hierzu im Laufe der Jahre entwickelten und in der Rechtsprechungspraxis anerkannten Grundsätze knapp dargestellt werden, soweit sie für die Eigenheiten des Übergangsverfahrens relevant sind. Dieses zeichnet sich mehr noch als Versetzungsentscheidungen, welche vor allem die im abgelaufenen Schuljahr gezeigten Leistungen würdigen, durch ein im Rahmen der zu erstellenden Grundschulprognose eingeräumtes fachpädagogisches Bewertungsvorrecht aus, „wobei die aufgrund einer Gesamtwürdigung der individuellen Lerneigenschaften des Schülers vorzunehmende prognostische Einschätzung seine Eignung für den Besuch einer weiterführenden Schule der gewählten Schulform naturgemäß mit einer noch stärkeren Unsicherheit bezüglich ihrer ‚Richtigkeit' verbunden ist"[152]. Hauptsächlich die von Amts wegen zu erstellende Grundschulempfehlung stützt sich mithin im wesentlichen auf den persönlichen Eindruck des Grundschullehrers, den dieser durch monatelange Beobachtung des Schülers gewonnen hat, sowie auf seine — des Lehrers — allgemeinen Erfahrungen, welche er gewöhnlich im Laufe der Durchführung mehrerer Eignungsverfahren sammeln konnte. Er besitzt im besonderen Maße eine pädagogische Kompetenz in diesen Fragen, der auch die gerichtliche Überprüfung von Eignungsnachweisen Rechnung tragen muß. In gewissem Sinne gilt dies ebenfalls für pädagogische Beurteilungen im Rahmen des Probeunterrichts sowie, allerdings nur noch in sehr geringem Umfang, für innerhalb von Aufnahmeprüfungen getroffene Entscheidungen. Letztere werden zentral von Lehrern durchgeführt, die die daran teilnehmenden Schüler nicht persönlich kennen, so daß dem (formalen) Ablauf der Prüfung und den einzelnen objektivierten Beurteilungskriterien größere Bedeutung zukommt. Als Faustregel für eine gerichtliche Kontrolldichte der einzelnen Eignungsnachweise kann man folgenden Grundsatz formulieren: Je mehr das jeweilige Eignungsverfahren auf dem persönlichen Eindruck des Lehrers von den Fähigkeiten des Schülers beruht, desto zurückhaltender muß die Überprüfung des Verwaltungsgerichts ausfallen. Dies ergibt sich aus den allgemein gültigen Prinzipien der gerichtlichen Nachprüfbarkeit von schulischen Leistungsbeurteilungen, Versetzungsentscheidungen u. ä., die im großen und ganzen auch auf das Zugangsverfahren Anwendung finden. Danach ist die gerichtliche Kontrolldichte im Bereich

---

[152] VGH Mannheim, ebd., S. 247.

3. Überprüfung von Eignungsnachweisen

pädagogischer Einschätzungen und Bewertungen insoweit eingeschränkt, als lediglich im Hinblick auf Verfahrensfehler, Fehler in der Tatsachenermittlung, Willkür und Verletzung allgemein anerkannter pädagogischer Grundsätze und Wertmaßstäbe nachgeprüft und gefragt wird, ob sich der Prüfer von sachfremden Erwägungen hat leiten lassen[153]. Das Bundesverfassungsgericht hat diese Formel in zwei neueren, in der Öffentlichkeit vielbeachteten Entscheidungen zum Prüfungsrecht, erneut bestätigt[154]. Die hierbei vom Ersten Senat zudem und speziell für den Bereich von Berufszugangsprüfungen im einzelnen getroffenen Feststellungen darüber, wie diese Grundsätze im Sinne eines effektiven Rechtsschutzes konkretisiert und möglicherweise erweitert werden müssen[155], sind für das Übergangsverfahren nicht relevant und auf dessen gerichtliche Kontrolle nicht übertragbar. Allgemeine Beachtung verdient aber die vom Gericht erläuterte Erwägung, immer dort, wo Prüfungsnoten nicht isoliert, sondern gleichfalls durch persönliche Erfahrungen und Vorstellungen der Prüfer geprägt gesehen werden müssen, dürfe eine gerichtliche Überprüfung derartiger Beurteilungen nicht „eigene Bewertungskriterien entwickeln und an die Stelle derjenigen der Prüfer setzen". Dies würde nämlich, da sich „die komplexen Erwägungen, die einer Prüfungsentscheidung zugrunde liegen, nicht regelhaft erfassen lassen, (...) zu einer Verzerrung der Maßstäbe führen"[156]. Bestätigt wird damit die in obengenannter Faustregel angegebene Leitlinie. Im Ergebnis heißt das: Die Grundschulempfehlung / das Übertrittszeugnis sowie der Eignungsnachweis im Rahmen eines Probeunterrichts sind einer gerichtlichen Nachprüfung nur sehr beschränkt — lediglich in bezug auf Verfahrensfehler, sachfremde Erwägungen oder Willkürentscheidungen — zugänglich.

---

[153] Heckel / Avenarius (Anm. 18), S. 345 ff., 350 ff., 435 f., 440; Sannwald (Anm. 43), S. 413; Niehues (Anm. 37), Rz. 473; Seebass (Anm. 37), S. 526 jeweils m. w. N.

[154] BVerfG NJW 1991, 2005 bzw. 2008.

[155] Dort ging es vor allem um die Frage, inwieweit beim juristischen Staatsexamen bzw. beim Multiple-Choice-Verfahren der Ärzteprüfung fachliche Meinungsverschiedenheiten zwischen Prüfer und Prüfling der gerichtlichen Kontrolle entzogen sind, insbesondere, wann eine im Fachschrifttum vertretene, vom Prüfer jedoch nicht geteilte Meinung, die der Prüfling aufgreift, als falsch gewertet und eine darauf beruhende Beurteilung durch ein Gericht korrigiert werden darf.

[156] BVerfG NJW 1991, 2005 ff., 2007.

Der den Eignungsnachweis im wesentlichen tragende persönliche Eindruck des Lehrers (der Klassenkonferenz) kann vom Gericht nicht korrigiert werden; der Richter darf aber nach der korrekten Einhaltung der zuvor genannten formalen Grundsätze beim Zustandekommen der Beurteilung fragen[157]. Im Prinzip gilt dasselbe für Aufnahmeprüfungen. Allerdings ist hier die gerichtliche Kontrolldichte insoweit stärker ausgeprägt, als solche schriftlichen Testverfahren standardisiert sind, was eine vergleichende Betrachtungsweise eher zuläßt. Die weniger auf dem persönlichen Erscheinungsbild des Schülers als auf der Bewertung von schriftlichen Arbeiten abhebende Beurteilung des Lehrers — die gleichwohl ein höchstpersönliches Fachurteil bei Ausnutzung eines pädagogischen Beurteilungsspielraums darstellt — kann in Relation zu anderen Arbeiten der übrigen Prüflinge gesetzt sowie, gegebenenfalls durch Heranziehung von Sachverständigen, an verallgemeinerbaren Eignungsanforderungen der jeweiligen weiterführenden Schule gemessen werden. Ist hierbei ein Verfahrensfehler, eine Willkürentscheidung im Vergleich zu anderen Prüflingen, sind hinsichtlich des Qualifikationsnachweises überzogene bzw. sachfremde Anforderungen o. ä. Fehler in der Aufnahmeprüfung nachweisbar und ist nicht

---

[157] In diesem Zusammenhang sei auf Seebass (Anm. 37), S. 529 verwiesen, der das oft gebrauchte Schlagwort vom „rechtsschutzlosen Freiraum" des Prüfers für irreführend hält, „denn es leistet der Vorstellung Vorschub, als habe die Rechtsordnung hier ein Reservat geschaffen, in dem Prüferwillkür sich austoben kann und das Opfer jeglichen Rechtsschutzes beraubt ist". Erstens zeigen obige Ausführungen, daß der Prüfer, gerade weil er hoheitliche Befugnisse wahrnimmt, nicht hors de la loi steht, sondern sich und seine Bewertung einer sachgerecht differenzierten Rechtskontrolle unterziehen muß. Zweitens erscheint folgende Zustandsbeschreibung von Seebass, ebd. durchaus nachvollziehbar: „Wer selbst als Prüfer Erfahrungen gesammelt hat, wird bezweifeln, daß das Bild des selbstherrlichen, nur seine eigene Meinung geltend lassenden Prüfers, der seine Gnade nach Stimmung, Laune und Belieben verteilt, die Wirklichkeit repräsentiert. Auf jeden Fall braucht die Rechtsordnung von dem Negativbild eines ungeeigneten Prüfers, dem die Fähigkeit oder der Wille zu einer objektiven, fachlichen und abgewogenen Beurteilung der Prüfungsleistung fehlt, nicht auszugehen. Mir scheint eher der Prüfer, der seine Aufgabe mit allem Ernst im Bewußtsein seiner Verantwortung und mit dem starken Bemühen um eine gerechte Bewertung erfüllt, dem Normalfall zu entsprechen. Er wird die Last seiner Verantwortung wohl kaum als ‚Freiraum' empfinden (...). Es wäre der Sache angemessener, statt dessen von dem Verantwortungsbereich des Prüfers zu sprechen, innerhalb dessen er letztverbindlich die Leistung des Prüflings zu beurteilen hat".

3. Überprüfung von Eignungsnachweisen

auszuschließen, daß diese zur negativen Entscheidung geführt haben, kann das Gericht die Leistungsbeurteilung grundsätzlich nicht ersetzen, sondern den Prüfungsbescheid nur aufheben. Das hat dann zur Folge, daß die zuständigen Prüfer eine neue, der Rechtsauffassung des Gerichts gemäße fehlerfreie Bewertung erstellen müssen. Je nach Art des Fehlers ist auch denkbar, daß dem Prüfling eine Wiederholungsmöglichkeit gewährt werden muß[158].

Das wirft ein naheliegendes Problem auf. Angesichts der oft erheblich langen Verfahrensdauer vor dem Verwaltungsgericht und der zudem grundsätzlich nur bestehenden Möglichkeit, ein Bescheidungsurteil im eben genannten Sinne zu erstreiten, wonach die eigentliche Eignungsentscheidung bei der abgebenden bzw. aufnehmenden Schule verbleibt, liegt es auf der Hand, daß den betroffenen Schülern und Eltern erhebliche Rechtsverluste drohen, wollte man monate-, eventuell jahrelang warten, bis das gerichtliche Hauptsacheverfahren durchlaufen ist. Deshalb ist ein schnelles Handeln vonnöten, welches erlaubt, bis zum Beginn des Schuljahres mindestens eine Interimslösung zu treffen. Das sog. vorläufige Rechtsschutzverfahren bietet hierfür die angemessene verwaltungsprozessuale Handhabe. Mit ihm wird den Eltern bzw. dem Schüler die Möglichkeit gegeben, das Verwaltungsgericht zum Erlaß einer einstweiligen Anordnung anzurufen. Worauf ist diese gerichtet und was sind deren Voraussetzungen? Zunächst ist zu beachten, daß das einstweilige Rechtsschutzverfahren gemäß § 123 VwGO die Entscheidung in einem mutmaßlich sich anschließenden Hauptsacheverfahren nicht vorwegnehmen darf[159]. Im Interesse eines von Art. 19 Abs. 4 GG zugesicherten effektiven Rechtsschutzes wird jedoch anerkannt, daß in Ausnahmefällen die Hauptsache dann vorweggenommen werden darf, wenn andernfalls ein Recht völlig untergehen oder erhebliche, später nicht wieder gutzumachende Rechtsnachteile eintreten würde(n). Dies trifft in der Regel auf schulische Prüfungs- und Versetzungsstreitigkeiten[160] sowie auf Übergangsverfahren zu weiterführenden Schulen zu. So hat beispiels-

---

[158] Vgl. BVerfG NJW 1991, 2005 ff., 2008.

[159] Vgl. etwa Kopp, VwGO, 8. Aufl. 1989, § 123, Rz. 13 ff.; Finkelnburg / Jank, Vorläufiger Rechtsschutz im Verwaltungsstreitverfahren, 3. Aufl. 1986, Rz. 231 ff.

[160] Siehe Niehues (Anm. 37), Rz. 497 ff.

weise der Hessische Staatsgerichtshof hinsichtlich der Nichtzulassung zum Gymnasium den Vorrang effektiver Rechtsschutzgewährung vor dem Verbot der Hauptsachevorwegnahme bestätigt, „da bei nachträglicher Zulassung (...) zum Besuch eines Gymnasiums der nicht auszugleichende Verlust möglicherweise eines ganzen Schuljahres einen (...) unzumutbaren Nachteil zur Folge hätte"[161]. Voraussetzung hierfür ist jedoch, daß eine summarische Überprüfung im Eilverfahren zu dem Ergebnis gelangt, daß die Beurteilung offensichtlich fehlerhaft zustande gekommen ist und bei Vermeidung des Fehlers die Eignungsbegutachtung mit überwiegender Wahrscheinlichkeit positiv ausgefallen wäre[162]. Auch hier ist an obige Faustregel zu erinnern: Je mehr der Eignungsnachweis auf Grundlage des gerichtlich nicht zu ersetzenden persönlichen Eindrucks des Lehrers ergeht und, falls diesbezüglich keine sachfremden Einflüsse geltend gemacht werden können, desto schwieriger dürfte es sein, die für die summarische Überprüfung notwendige Erfolgsaussicht im Hauptsacheverfahren überzeugend darzustellen.

Abschließend darf noch auf eine Besonderheit aufmerksam gemacht werden. Während im Hauptsacheverfahren regelmäßig nur ein Bescheidungsurteil auf erneute Überprüfung durch den zuständigen Lehrer oder die Klassenkonferenz ergehen bzw. eine Wiederholungsmöglichkeit eingeräumt werden kann, nimmt die Entscheidung im Eilverfahren nicht nur einen solchen Urteilsspruch vorweg, sondern geht sogar noch darüber hinaus. Sie verpflichtet im Erfolgsfalle die weiterführende Schule zur vorläufigen Aufnahme des Schülers, obgleich der Eignungsnachweis (noch) nicht erbracht wurde. Dies ist gleichwohl gerechtfertigt, da nur auf diesem Weg der von Art. 19 Abs. 4 GG geforderte Mindestumfang eines effektiven Rechtsschutzes erreichbar ist. Im übrigen verbleibt die endgültige fachlich-pädagogische Eignungsbeurteilung bei den hierzu nach den Schulrechtsbestimmungen Befugten.

---

[161] Hessischer Staatsgerichtshof, Beschl. v. 12.11.1985, SPE NF 860 Nr. 26, S. 16.

[162] Der Grundsatz ergibt sich aus der analogen Anwendung der für Versetzungsentscheidungen relevanten Kriterien; dazu Niehues (Anm. 37), Rz. 501; VG Frankfurt NVwZ — RR 1990, 248 f., 249.

3. Überprüfung von Eignungsnachweisen

Das leitet zur Frage über, ob durch die, vor Beschreitung des Verwaltungsrechtswegs, also im Rahmen des Widerspruchverfahrens erfolgende Einschaltung der Schulaufsichtsbehörde wesentliche Modifikationen der zuvor entwickelten Grundsätze zur Kontrolle von Eignungsbeurteilungen zu gewärtigen sind.

b) Genau genommen ist hierbei vor allem problematisch, ob die das gerichtliche Verfahren bestimmenden Grundsätze mit ihrer nur eingeschränkten Kontrolldichte auch auf das Widerspruchsverfahren übertragbar sind[163]. Zur Frage, wieweit das Korrekturrecht der Schulaufsichtsbehörden im einzelnen reicht, gibt es nicht nur unterschiedliche Auffassungen in Rechtsprechung und Literatur[164], sondern zum Teil auch abweichende landesrechtliche Regelungen. Prinzipiell ist die Schulaufsichtsbehörde (als der einzelnen Schule innerhalb der Verwaltungshierarchie übergeordnete Stelle) bei der Überprüfung von Leistungsbewertungen im Unterschied zu den Gerichten nicht auf eine Rechtmäßigkeitskontrolle beschränkt, sondern darüber hinaus befugt, die sachliche Richtigkeit solcher Beurteilungen nachzuvollziehen und sie gegebenenfalls aufzuheben oder abzuändern. Die Schulaufsicht übt nämlich nicht allein die Rechts-, sondern ebenso die Fachaufsicht aus[165]. Zudem zielt auch die das Widerspruchsverfahren ausgestaltende Vorschrift des § 68 Abs. 1 S. 1 VwGO auf eine ausdrückliche Überprüfung der Recht- wie *Zweckmäßigkeit* der angegriffenen Entscheidung. Gleichwohl hat § 62 Schulverwaltungsgesetz Hessen (ähnlich § 9 Abs. 2 Schulverwaltungsgesetz Bremen) den Prüfungsrahmen der Schulaufsicht erheblich eingeschränkt, insofern pädagogische Bewertungen nur aufgehoben werden können, wenn wesentliche Verfahrensvorschriften nicht eingehalten wurden, die Schule (der Lehrer) von unrichtigen Voraussetzungen oder sachfremden Erwägungen ausgegangen ist bzw. gegen allgemein anerkannte pädagogische Grund-

---

[163] Es braucht hier nicht gesondert begründet zu werden, daß ebenso wie bei den zuvor erörterten Zulassungsvoraussetzungen einer Anfechtungsklage auch vor Einlegung eines Widerspruchs zunächst das einheitliche Aufnahmeverfahren in allen vorhandenen Stufen absolviert sein muß. Ansonsten fehlt es bereits am Rechtsschutzbedürfnis.

[164] Vgl. etwa nur Sannwald (Anm. 43), S. 413 m. w. N. zum Meinungsstand bei Prüfungs- und Versetzungsentscheidungen.

[165] Zu den Begriffen Fach-, Rechts- und Dienstaufsicht s. Heckel / Avenarius (Anm. 18), S. 177 ff.

sätze / Bewertungsmaßstäbe oder das Gebot der Gleichbehandlung aller Schüler verstoßen wurde. Die hessischen und bremischen Vorschriften[166] reduzieren mithin die Befugnisse der Schulaufsicht auf das Maß der gerichtlichen Kontrolle schulischer Beurteilungsakte. Sie sind als geltendes Recht hinzunehmen und verbindlich; Abweichungen bezüglich des Umfangs der oben erläuterten Kontrolldichte liegen nicht vor.

Aber auch in den Ländern, die eine solche Beschränkung der Fachaufsicht nicht kennen, wird man zum gleichen Ergebnis kommen müssen. Dies folgt aus der der Prognoseentscheidung über Eignung / Befähigung des Schülers für den Besuch einer weiterführenden Schule zugrunde liegenden Fachkompetenz des jeweiligen Lehrers, der seine Beurteilung aufgrund seines persönlichen Eindrucks vom Leistungsvermögen des Schülers sowie auf der Basis eines normalerweise langjährigen diesbezüglichen Erfahrungsschatzes (mit entsprechenden Vergleichsmöglichkeiten) trifft[167]. Bei allem Streit um anders gelagerte Problempunkte besteht deshalb insofern Einigkeit, daß solche Prognoseentscheidungen aus den genannten Gründen und soweit sie auf der Unvertretbarkeit des persönlichen Eindrucks des Lehrers beruhen, nicht durch schulaufsichtliche Maßnahmen korrigierbar sind[168]. Das trifft vor allem auf die Grundschulempfehlung / das Übertrittszeugnis und den Probeunterricht zu. Unter Maßgabe der bereits genannten Besonderheiten (siehe oben 3., a) von Aufnahmeprüfungen besteht lediglich in diesem Bereich eine etwas erweiterte Kontrollkompetenz. Diese hält sich zwar innerhalb der zuvor für die gerichtliche Überprüfung gezogenen Grenzen, ist jedoch bei der Schulaufsichtsbehörde als der sachnäheren Stelle — ausgestattet mit dem direkten Zugriff zu fachlichen Vergleichsmöglichkeiten — wirkungsvoller angesiedelt.

---

[166] Diese stehen mit § 68 VwGO im übrigen in Einklang, da dort nach Abs. 1 S. 2 abweichende Regelungen für besondere Fälle möglich sind.

[167] Heckel / Avenarius (Anm. 18), S. 345 f.; ebenso Sannwald (Anm. 43), S. 413 f. jeweils m. w. N.

[168] Sannwald (Anm. 43), S. 414.

VI. Zusammenfassung

1. Der Staat ist berechtigt und verpflichtet, im Rahmen der Ausübung seiner aus Art. 7 Abs. 1 GG fließenden Schulhoheit das Schulwesen inhaltlich sowie organisatorisch zu gestalten und zu ordnen. Teil hiervon ist die Regelung des Zugangsverfahrens zu weiterführenden Schulen.

2. Zwar steht es dem Staat frei, den Zugang zu höherqualifizierenden Schulformen vom Nachweis bestimmter Eignungs- und Befähigungsvoraussetzungen abhängig zu machen, jedoch sind insofern die Grundrechte der betroffenen Schüler und Eltern zu beachten. Aus der Grundrechtsrelevanz folgt das Erfordernis, das Übergangsverfahren im Sinne der Wesentlichkeitstheorie einfachrechtlich durch legislative Parlamentsentscheidungen zumindest hinsichtlich der inhaltlichen und verfahrensmäßigen Leitlinien zu strukturieren.

3. Hierbei dürfen die Eignungsvoraussetzungen nicht zu einem unverhältnismäßigen Eingriff in die Grundrechte auf Persönlichkeitsentfaltung (Art. 2 Abs. 1 GG) bzw. freie Wahl der Ausbildungsstätte (Art. 12 Abs. 1 GG) führen, aus welchen sich ein Rechtsanspruch des Schülers auf freien Zugang zu allen vorhandenen Bildungseinrichtungen ergibt. Auf seiten der Eltern ist das Recht auf freie Wahl der Schullaufbahn gemäß Art. 6 Abs. 2 GG zu respektieren, das nicht mehr als notwendig begrenzt werden darf. Das heißt im wesentlichen: Erstens haben die Eltern im Rahmen der vom Staat zur Verfügung zu stellenden Bildungswege ein vorrangiges positives Wahlrecht, während sich das staatliche Bestimmungsrecht lediglich auf eine sog. negative Auslese beschränkt. Diese findet mittels Eignungsverfahren statt, die gleichwohl — zweitens — nicht das faktische Leerlaufen des elterlichen Wahlrechts zur Folge haben dürfen.

4. Die den Bundesländern übertragene Regelungsbefugnis zur Ausgestaltung der Übergangsverfahren wird im einzelnen unter-

schiedlich wahrgenommen, erfolgt aber auf der gemeinsamen Grundlage eines Miteinanders schulischer Beratungstätigkeit, der Erteilung von Grundschulempfehlungen einerseits und der dazu in Relation stehenden Wahlentscheidung der Erziehungsberechtigten andererseits.

5. Unproblematisch sind die Fälle, in denen Grundschulempfehlung bzw. Übertrittszeugnis mit dem jeweiligen Elternwunsch übereinstimmen. Fallen beide Komponenten auseinander, sind drei länderspezifische Konfliktlösungsmodalitäten festzustellen: In Baden-Württemberg und Rheinland-Pfalz soll eine Aufnahmeprüfung über die Eignung entscheiden; in Bayern und Nordrhein-Westfalen ist ein Probeunterricht mit mündlicher und/oder schriftlicher Erfolgskontrolle vorgesehen; in den übrigen Ländern kann der Schüler trotz entgegenstehender Grundschulempfehlung in die gewünschte Schulart wechseln, muß sich jedoch einer Probezeit unterziehen. Die neuen Bundesländer orientieren sich jeweils anhand der genannten Übergangsmodelle.

6. Bei der Überprüfung der länderspezifischen Übergangsverfahren ist das Bundes- bzw. Landesverfassungsrecht als Maßstab heranzuziehen. Demgemäß darf der Staat zwar nicht völlig auf die Erbringung von Eignungsnachweisen verzichten, jedoch besteht ein weiter legislativer Gestaltungsspielraum hinsichtlich der konkreten Ordnung des Zugangsverfahrens. Regelungen, die dem Elternwillen auch bei einer negativen Grundschulempfehlung Vorrang einräumen, sind insofern jedenfalls dann zulässig, wenn das Landesrecht eine Probezeit vorsieht, innerhalb der die Eignung des Schülers für den Besuch der weiterführenden Schule überprüft und die endgültige Aufnahme beschlossen wird. Unter Maßgabe dessen ist die jüngst erfolgte Novellierung des hessischen Übergangsverfahrens einer verfassungskonformen Auslegung zugänglich.

7. Dagegen würde der Einbezug von Kapazitätsgesichtspunkten in das Übergangsverfahren im Sinne einer konjunkturabhängigen Steuerung der Eignungsanforderungen (mit Blick auf eine je fehlende bzw. volle Auslastung der entsprechenden Schulformen) gegen Bundes- wie Landesverfassungsrecht verstoßen.

VI. Zusammenfassung

8. Eine verfassungsgemäße Ausgestaltung der Reihenfolge von elterlichem Wahlrecht und schulischer Eignungsbeurteilung erfordert ferner, daß eine verbindliche Eignungsempfehlung der abgebenden Schule erst erfolgen darf, wenn die Eltern von ihrem Wahlrecht Gebrauch gemacht und ihre Entscheidung der Schule kundgetan haben. Vorherige Eignungstests beeinträchtigen das Wahlrecht in unzulässiger Weise. Unzulässig, weil unverhältnismäßig sind insbesondere in diesem Kontext auch Eignungsempfehlungen, die sich auf Schularten beziehen, für deren Besuch ausnahmsweise keine Eignung vorausgesetzt wird.

9. Eine von einer unzuständigen Stelle den Eltern erteilte Zusage auf eine positive Grundschulempfehlung gewährt keinen Anspruch auf Einlösung. Die allein zuständige Klassenkonferenz ist daran nicht gebunden und den Eltern gegenüber nicht verpflichtet.

10. Hinsichtlich der gerichtlichen Überprüfung von Entscheidungen des Übertrittverfahrens beschränkt sich der Kreis der ausschließlich Klagebefugten auf die davon betroffenen Eltern und Schüler. Einzelne Lehrer oder die Klassenkonferenz als solche haben keinen Rechtsanspruch auf Bestandskraft ihrer Entscheidungen.

11. Grundsätzlich können gegen solche Entscheidungen, soweit sie als Verwaltungsakte Außenwirkung erzeugen und das Wahlrecht der Eltern bzw. das Statusverhältnis des Schülers tangieren, Rechtsbehelfe — Widerspruch bzw. Anfechtungsklage — eingelegt werden. Jedoch fehlt es regelmäßig am Rechtsschutzbedürfnis, wenn nicht zuvor alle Möglichkeiten des jeweiligen Zugangsverfahrens ausgeschöpft wurden und der Schüler nicht versucht hat, auf diesem einfacheren Wege den Eignungsnachweis für den Besuch der gewünschten Schulart zu erlangen.

12. Die gerichtliche Kontrolldichte von Entscheidungen des Zugangsverfahrens beschränkt sich — ähnlich wie die Nachprüfbarkeit von Leistungsbeurteilungen und Versetzungsentscheidungen — im wesentlichen auf Verfahrensfehler, Fehler in der Tatsachenermittlung, Willkür, die Verletzung allgemein anerkannter pädagogischer Grundsätze und Wertmaßstäbe sowie auf die Frage, ob insgesamt sachfremde Erwägungen beurteilungsrelevant waren. Als Faustregel gilt: Je mehr die jeweilige Maßnahme auf dem

persönlichen Eindruck des (Grundschul-)Lehrers von den Fähigkeiten des Schülers beruht, desto begrenzter ist die Kontrollbefugnis der Gerichte.

13. Die das gerichtliche Verfahren diesbezüglich leitenden Grundsätze finden auch auf das Widerspruchsverfahren Anwendung. Obgleich die Schulaufsichtsbehörde die Fachaufsicht wahrnimmt, sind Prognoseentscheidungen über die Eignung für höherqualifizierende Schulen, soweit sie auf dem persönlichen Eindruck des Lehrers gründen, nicht korrigierbar.

14. Wird das Verwaltungsgericht angerufen und, wie zumeist, vorläufiger Rechtsschutz gem. § 123 VwGO begehrt, so ist der Schüler, falls die summarische Überprüfung der Erfolgsaussichten seiner Klage für das Hauptsacheverfahren positiv ausfällt, vorläufig zur Aufnahme an die weiterführende Schule zuzulassen. Das Eilverfahren geht zwar insoweit über ein im Hauptsacheverfahren regelmäßig nur erstreitbares Bescheidungsurteil hinaus, jedoch ist dies gerechtfertigt, um einen effektiven Rechtsschutz im Sinne von Art. 19 Abs. 4 GG sicherzustellen und möglicherweise nicht mehr wiedergutzumachende Rechtsnachteile zu vermeiden.

Schriften zum Öffentlichen Recht

Seit 1991 sind erschienen:

594 **Produktionshinweispflichten bei Tabakwaren als Verfassungsfrage.** Von M. Kloepfer. 91 S. 1991 ⟨3-428-07068-2⟩ DM 38,–

595 **Naturwissenschaften und Forschungsfreiheit.** Von T. Dickert. VIII, 574 S. 1991 ⟨3-428-07081-X⟩ DM 128,–

596 **Die personellen Grenzen der Autonomie öffentlich-rechtlicher Körperschaften.** Von M. Papenfuß. 218 S. 1991 ⟨3-428-07115-8⟩ DM 98,–

597 **Fernmeldewesen und Telematik in ihrer rechtlichen Wechselwirkung.** Von B. Köbele. 298 S. 1991 ⟨3-428-07254-5⟩ DM 128,–

598 **Verwaltungshandeln mit Drittbetroffenheit und Gesetzesvorbehalt.** Von A. Roth. 416 S. 1991 ⟨3-428-07165-4⟩ DM 98,–

599 **Die Konzessionsabgaben.** Von J. Wieland. 438 S. 1991 ⟨3-428-07309-6⟩ DM 128,–

600 **Staatliche Rechnungsprüfung kirchlicher Einrichtungen.** Von W. Leisner. 103 S. 1991 ⟨3-428-07096-8⟩ DM 38,–

601 **Herkunft, Inhalt und Stellung des institutionellen Gesetzesvorbehalts.** Von G. C. Burmeister. 361 S. 1991 ⟨3-428-07153-0⟩ DM 98,–

602 **Die materielle Pflicht des Zustandsstörers und die Kostentragungspflicht nach unmittelbarer Ausführung und Ersatzvornahme.** Von M. Griesbeck. 165 S. 1991 ⟨3-428-07164-6⟩ DM 56,–

603 **Das parlamentarische Untersuchungsrecht im Bundesstaat.** Von W. Simons. 266 S. 1991 ⟨3-428-07201-4⟩ DM 74,–

604 **Die Rezeption des deutschen Verwaltungsrechts in Korea.** Von J. H. Seok. 230 S. 1991 ⟨3-428-07212-X⟩ DM 64,–

605 **Gemeindliche Satzungen als Instrumente der Stadterhaltung und -gestaltung.** Von M. Dierkes. 232 S. 1991 ⟨3-428-07222-7⟩ DM 98,–

606 **Der Einkommensbegriff im öffentlichen Schuldrecht.** Von W. Burger. 376 S. 1991 ⟨3-428-07246-4⟩ DM 178,–

607 **Die abstrakte Normenkontrolle vor dem Bundesverfassungsgericht und vor dem brasilianischen Supremo Tribunal Federal.** Von G. F. Mendes. 249 S. 1991 ⟨3-428-07277-4⟩ DM 98,–

608 **Schulvielfalt als Verfassungsgebot.** Von F.-R. Jach. 90 S. 1991 ⟨3-428-07278-2⟩ DM 74,–

609 **Dritte als Betroffene verkehrsberuhigender Maßnahmen.** Von S. Hügel. 259 S. 1991 ⟨3-428-07283-9⟩ DM 68,–

610 **Das Verhältnis des Art. 80 Abs. 1 S. 2 GG zum Gesetzes- und Parlamentsvorbehalt.** Von B. Busch. 160 S. 1992 ⟨3-428-07322-3⟩ DM 74,–

611 **Öffentlichkeitsarbeit der Bundesregierung.** Von F. Schürmann. 490 S. 1992 ⟨3-428-07325-8⟩ DM 198,–

612 **Rechtsschutz im Rahmen staatlicher Tarifgenehmigungsverfahren.** Von N. Mayer. 226 S. 1992 ⟨3-428-07356-8⟩ DM 98,–

613 **Zur Anwendbarkeit der Grundrechte bei Sachverhalten mit Auslandsbezug.** Von G. Elbing. 332 S. 1992 ⟨3-428-07400-9⟩ DM 98,–

614 **Denkmalschutz und Eigentumsschutz.** Von R. Körner. In Vorbereitung

615 **Der grundrechtliche Informationsanspruch des Forschers gegenüber dem Staat.** Von T. Mayen. In Vorbereitung

Duncker & Humblot · Berlin

Verwaltungswissenschaft

Schriftenreihe der Hochschule Speyer

101 Hans Herbert von Arnim /
Helmut Klages (Hrsg.)
**Probleme der staatlichen
Steuerung und Fehl-
steuerung in der Bundes-
republik Deutschland**
54. Staatswissenschaftliche
Fortbildungstagung 1986
299 S. 1986. DM 88,–
⟨3-428-06159-4⟩

102 Helmut Quaritsch (Hrsg.)
**Complexio Oppositorum —
Über Carl Schmitt**
28. Sonderseminar 1986
610 S. 1988. Lw. DM 98,–
⟨3-428-06378-3⟩

103 Siegfried Magiera /
Detlef Merten (Hrsg.)
**Bundesländer und
Europäische Gemeinschaft**
Verwaltungswissenschaftliche
Arbeitstagung 1987
271 S. 1988. DM 88,–
⟨3-428-06475-5⟩

104 Hermann Hill (Hrsg.)
**Zustand und Perspektiven
der Gesetzgebung**
56. Staatswissenschaftliche
Fortbildungstagung 1988
262 S. 1989. DM 84,–
⟨3-428-06644-8⟩

105 Hans Herbert von Arnim (Hrsg.)
Finanzkontrolle im Wandel
15. Verwaltungswissenschaftliche
Arbeitstagung 1988
330 S. 1989. DM 98,–
⟨3-428-06732-0⟩

106 Detlef Merten (Hrsg.)
**Gewaltentrennung
im Rechtsstaat**
Zum 300. Geburtstag von
Charles de Montesquieu
57. Staatswissenschaftliche
Fortbildungstagung 1989
183 S. 1989. DM 74,–
⟨3-428-06797-5⟩

107 Willi Blümel /
Hermann Hill (Hrsg.)
**Die Zukunft der kommu-
nalen Selbstverwaltung**
Vorträge und Diskussionsbeiträge
der 58. Staatswissenschaftlichen
Fortbildungstagung 1990 der
Hochschule für Verwaltungs-
wissenschaften Speyer
269 S. 1991. DM 58,–
⟨3-428-07093-3⟩

108 Klaus Lüder
**Staatliches Rechnungswesen
in der Bundesrepublik
Deutschland vor dem Hintergrund neuerer internationaler
Entwicklungen**
Vorträge und Diskussionsbeiträge
der Verwaltungswissenschaft-
lichen Arbeitstagung 1990 des
Forschungsinstituts für öffentliche Verwaltung bei der Hochschule für Verwaltungswissen-
schaften Speyer
258 S. 1991. DM 84,–
⟨3-428-07236-7⟩

Duncker & Humblot · Berlin